Friedrich Alban Schlesinger

Der Natursinn bei John Milton

Friedrich Alban Schlesinger

Der Natursinn bei John Milton

ISBN/EAN: 9783743463714

Hergestellt in Europa, USA, Kanada, Australien, Japan

Cover: Foto ©Thomas Meinert / pixelio.de

Manufactured and distributed by brebook publishing software (www.brebook.com)

Friedrich Alban Schlesinger

Der Natursinn bei John Milton

Der Natursinn bei John Milton.

Inaugural-Dissertation

zur

Erlangung der philosophischen Doktorwürde

bei der

Universität Leipzig

eingereicht von

Alban Schlesinger
aus Schönheide.

Leipzig-Reudnitz,
Druck von Oswald Schmidt.
1892.

Seinen lieben Eltern

in Dankbarkeit

der Verfasser.

Benutzte Schriften.

The Poetical Works of John Milton. Ed. by David Masson, London 1882, 3 Bde.

English Poems by John Milton. Ed. by R. C. Browne, Oxford 1883, 2 Bde.

Milton's Paradise Lost. 8. ed. by Thomas Newton, London 1778, 2 Bde.

Milton's Paradise Regained. To which is added Samson Agonistes and Poems upon Several Occasions. Ed. by Thomas Newton, London 1766, 2 Bde.

David Masson, The Life of John Milton. London 1859 ff., 6 Bde.

Alfred Stern, Milton und seine Zeit. Leipzig 1877/79, 4 Bücher in 2 Teilen.

G. Liebert, Milton. Studien zur Geschichte des englischen Geistes. Hamburg 1860.

K. Bleibtreu, Geschichte der englischen Litteratur in der Renaissance und Klassicität. Leipzig 1887.

O. Dolch, The Love of Nature in the Early English Poetry. Programm der Annen-Realschule in Dresden 1882.

Im. Schmidt, Milton's Comus. Berlin 1860.

Macaulay, Critical and Historical Essays. London: Longmans, Green, and Co. 1885, Bd. 1.

A. Biese, Die Entwickelung des Naturgefühls im Mittelalter und in der Neuzeit. Leipzig 1888.

H. v. Treitschke, Histor. und polit. Aufsätze. 2. Aufl. Leipzig 1865.

Inhaltsverzeichnis.

	Seite
Einleitung	1
I. Die naive Naturbetrachtung	1
II. Die subjektive oder empfindsame Naturbetrachtung	5
III. Die objektive oder epische Naturbetrachtung	18
IV. Die Naturschilderung als Selbstzweck	77
V. Die geo-topographische Naturbetrachtung	101
VI. Die mystische Naturbetrachtung	108
VII. Die wissenschaftliche Naturbetrachtung	112
VIII. Die moralische Naturbetrachtung	119
IX. Die religiöse Naturbetrachtung	120
Schluſs	122

Der Natursinn bei John Milton.

Da es uns eine nicht uninteressante Aufgabe zu sein scheint, Miltons Sinn für die Natur zu erörtern, so wollen wir im folgenden dieses Vermögen, die mannigfaltigen Gegenstände, die eigentümlichen Reize der Natur wahrzunehmen und zu empfinden, darlegen, soweit dasselbe in seinen Dichtungen zum Ausdrucke gelangt. Hierbei werden wir die verschiedenen Verfahrungsweisen, vermittelst deren Milton die Natur in seinen poetischen Schöpfungen betrachtet und behandelt hat, dem Gange unserer Untersuchung zu Grunde legen, weil wir durch eine derartige, wenn auch nicht streng logische Gruppierung einen möglichst tiefen und übersichtlichen Einblick in Miltons Verhältnis zur Natur zu erlangen hoffen.

I.

An erster Stelle mag diejenige Art dichterischer Behandlung der Natur stehen, welche den unmittelbaren Ausdruck ungesuchter, kindlicher Freude an der Natur widerspiegelt. Wir können dies die **naive** Darstellung der Natur nennen.

In seiner ersten lateinischen Elegie erklärt Milton, daſs der Frühling nicht wirkungslos an ihm vorübergeht.

Derselbe lockt ihn in seiner Vaterstadt London hinaus in den nahen Ulmenhain und nach den schattigen Plätzen der Vorstadt, wo er die reizende Natur bewundert:

> Sed neque sub tecto semper nec in urbe latemus, etc.[1])
> (Ad Carol. Diodat., 47—50.)

Daher darf es uns auch nicht wunder nehmen, daſs diese blütenreiche und lebenweckende Jahreszeit die Brust unseres Dichters mit beseligender Lust zum Gesange erfüllt. In einem lateinischen Gedichte, welches als die fünfte seiner Elegien gedruckt ist, frohlockt derselbe über die Ankunft des Frühlings und begrüſst diese herrliche Zeit der wiedererwachten Natur mit lebhafter Freude und Begeisterung, wenn wir auch gestehen müssen, daſs das Prunken mit mythologischer Gelehrsamkeit das Naturgefühl nicht rein zum Durchbruch kommen läſst. Fast könnte es scheinen, als ob dem Dichter nur daran gelegen sei, seine klassischen Kenntnisse in breiter Darstellung prahlerisch zu verwenden.

Milton geht von dem allen lebendigen Wesen zuerst sich bemerklich machenden Kennzeichen des Frühlings, von den lauen Lüften und sanften Winden aus, die den Boden von Schnee und Frost befreien, während die ganze Natur sich verjüngt und wiederauflebt. Auch ihm, dem jugendlichen Dichter, erstehen neue Kräfte zu Gesängen; auch ihm hat der Lenz die in seinem Busen schlummernden Funken entzündet und die Glut der Begeisterung entflammt. Er sieht Kastalias Born an dem doppelhäuptigen Parnaſs sprudeln; es erscheint ihm im nächtlichen Traume der pirenische Quell; Apollo, das Haupt mit thessalischem Lorbeer umwunden, naht sich ihm selbst. In Worten, welche man fast schon als eine Hindeutung auf sein erhabenstes Werk betrachten könnte, verleiht er sodann den aufflammenden Regungen seiner glühenden Einbildungskraft Ausdruck, und mit dieser in ihm geweckten Begeisterung will er den Lenz besingen:

> In se perpetuo Tempus revolubile gyro etc.
> (In Advent. Ver., 1—24.)

---

[1]) Wir citieren nach der Ausgabe von David Masson, London 1882.

Nach diesen einleitenden Versen werden nun die Wirkungen und Reize geschildert, welche die Wiederkehr des Frühlings in der gesamten Natur hervorbringt.

Leise regt der Zephyr seine duftumwobenen Schwingen, und linde Lüfte wehen über Berg und Thal. Aus dem glühenden Süden wandelt die Sonne am klaren Himmel täglich wieder höher hinauf und blickt freundlich lächelnd auf die Gefilde des rauhen Nordens nieder. Immer frühzeitiger erglänzen die ersten Strahlen des mächtigen Tagesgestirnes im Osten, während der Mond mit seinem milden Lichte freudig hinwegeilt, da er sich seiner Verpflichtung entbunden sieht. Von kürzerer Dauer ist jetzt die schattige Nacht, und mit dem immer zunehmenden Tageslichte scheinen die leuchtenden Gestirne sich zu vermindern, weil jetzt, wie es der Dichter poetisch zu begründen sucht, auch weniger Uebelthaten von den Menschen begangen werden. Die kahle und starre Wintererde hüllt sich, indem sie sich wieder verjüngt, in ein glänzendes Brautgewand und schliefst ihren gesegneten Schofs verschwenderisch auf. Duftige Blumen und heilsame Kräuter sprossen in reicher Fülle empor und schmücken in ihrer Farbenpracht die Fluren; nicht weniger erfreuen Haine und Wälder den Menschen durch ihr liebliches Grün. Die Vögel kehren in die geliebte Heimat zurück, und wie Siegesjubel schmettern sie ihr bezauberndes Lied durch die Luft.[1]) Kurz, überall spriefst und grünt es, prangt und duftet es, belebt und regt es sich:

    Jam, Philomela, tuos, foliis adoperta novellis, etc.
                          (Ibid., 25—94.)

Wie aber in dieser herrlichen Zeit die Erde gleichsam in Liebessehnsucht seufzt, so fühlt jedes lebende Wesen, am reinsten und edelsten jedoch der Mensch, sich von Liebesregungen ergriffen. Lenz in der Natur und zugleich im Herzen! Cupido schweift jetzt umher und schiefst mit

---

[1]) Der Dichter hebt hier den auf das Gemüt wirkenden Gesang der Nachtigall besonders hervor.

seinem frisch besehnten, klirrenden Bogen gar manchen spitzen Pfeil ab. Überall herrscht Liebes- und Frühlingslust. Hochzeitslieder erschallen in den Städten. Schimmernd in ihrem knappen Gewande schreiten Jünglinge im Freien einher. Zahlreich wandeln Jungfrauen hinaus auf die reizenden Fluren, indem ihr von der Lenzessonne beschienener Busen in reichem Geschmeide funkelt; eine jede von ihnen wünscht sich etwas, obgleich sie alle nur Eins wünschen: die Hand ihres ersehnten Gatten. Schäfer und Hirtin weiden ihre Herden unter Liederklang und Flötenspiel. Zu den funkelnden Sternen steigt in stiller Nacht das bezaubernde Lied der Matrosen empor und lockt selbst die Bewohner des Meeres aus der Tiefe herauf. Jetzt ist auch die Zeit wiedergekommen, wo in der Dämmerung die Satyrn von ihrer Ruhe sich erheben, um in schwebendem Tanze über die blumigen Auen zu eilen; Silvan, mit Cypressenlaub bekränzt, erscheint; Dryaden schweben aus ihrem Verstecke alten Geästes hervor und tanzen die Höhen entlang über die einsamen Fluren; Pan stürmt durch das Kornfeld und Gestrüpp dahin, und der lüsterne Faun sucht eine Nymphe zu erhaschen, die zitternd in ein nahes Versteck flieht, aber bald weitereilt, weil sie fliehend gefangen zu werden wünscht:

Sic Tellus lasciva suos suspirat amores; etc.
(Ibid., 95—130.)

Mit dem Wunsche, daſs das goldene Zeitalter mit seinem ewigen Frühlinge wiederkehre oder, wenn dies nicht möglich sei, doch wenigstens der gegenwärtige Lenz nur zögernd verrinne und erst spät der Winter mit seinen langen Nächten anrücke, schlieſst das Gedicht:

Dii quoque non dubitant caelo praeponere sylvas, etc.
(Ibid., 131—140.)

Dasselbe reine Wohlgefallen an der Natur, derselbe frühlingsrasche Pulsschlag des Herzens offenbart sich ohne jedwede Erkünstelung in dem kleinen, schönen „Lied auf den Maimorgen", in welchem der Einzug des Wonnemonats, der die Natur zu neuem Leben und zu neuer Lust erweckt, einfach und drastisch dargestellt wird:

> Now the bright morning-star, Day's harbinger, etc.
> (Song on May Morning.)

II.

Oft schildert Milton die Natur unter dem Eindrucke eines Gefühls, um entweder eine individuelle Empfindung zu spiegeln oder eine Stimmung zu erwecken. Wir haben in diesem Falle die **subjektive** oder **empfindsame** Behandlung der Natur vor uns.

In jener rührenden, schönen Ode, zu deren Abfassung dem Dichter der Tod eines Töchterchens seiner Schwester Anna Phillips Veranlassung gab, das kurz nach der Geburt dem harten und ungesunden Winter 1625—26 erlag,[1] wird die so frühzeitig vom Tode hinweggeraffte Nichte unter dem Bilde einer kaum aufgeblühten Blume eingeführt, die des Sommers gröfste Zierde geworden sein würde, wenn sie nicht dem verliebten Winter zum Opfer gefallen wäre:

> O fairest flower, no sooner blown but blasted, etc.
> (On the Death of a Fair Infant, 1—7.)

Einen feinen Gegensatz zu dieser allegorischen Darstellung des zarten Spröfslings bildet hier die sinnige Beseelung des eiskalten Winters, dessen Liebeshandel in einer anderen Stanze weiter ausgeführt wird. In seinem eisbeperlten Wagen nämlich durchstreifte der Winter die kalte Luft so lange, bis er dieses schöne Geschöpf erspähte. Da war sein Suchen beendet und sein Liebeskummer geschwunden; er stieg hernieder, umarmte das jugendliche

---

[1] Das Kind starb am Keuchhusten.

Wesen, und sein kalter Kuſs auf die hochrote Wange tötete dasselbe:

<blockquote>So, mounting up in icy-pearled car, etc.
(Ibid., 15—21.)</blockquote>

In schönen, wohlklingenden Strophen schildert der Dichter in dem von erhabenem Schwunge der Phantasie und religiöser Begeisterung durchdrungenen Hymnus auf Christi Geburt die heilige Nacht und den Christmorgen. Allgemeiner Friede herrscht auf Erden:

<blockquote>But peaceful was the night etc.
(On the Morn. of Christ's Nat., 61—63.)</blockquote>

Schäfer sitzen im Freien und plaudern traulich miteinander, nicht ahnend, welch glückliches Ereignis sich vollzogen hat, als plötzlich liebliche Sphärenmusik in ihren Ohren ertönt, wie sie nimmermehr von einem Sterblichen hervorgebracht wurde:

<blockquote>The shepherds on the lawn, etc.
(Ibid., 85—100.)</blockquote>

Ein strahlendes Licht erleuchtet die Nacht, und die himmlischen Heerscharen singen dem auf Erden erschienenen Gottessohne Jubelhymnen:

<blockquote>At last surrounds their sight etc.
(Ibid., 109—116.)</blockquote>

Die Natur, welche jetzt keine Zeit hat, mit der Sonne verliebtes Spiel zu treiben, beglückwünscht sich aus Freude über den aufgegangenen Stern des Heils und sucht vor ihres Schöpfers Auge mit schuldlosem Antlitze zu erscheinen:

<blockquote>Nature, in awe to him, etc.
(Ibid., 32—44.)</blockquote>

Die Winde, vor Verwunderung beruhigt, flüstern dem nicht mehr tobenden Weltmeere unter sanftem Kuſs die frohe Botschaft zu. Mit tiefem Erstaunen starren die Sterne in dieser Nacht der Weihe und wollen trotz des nahenden Morgenlichtes nicht verschwinden. Ja selbst die

Sonne scheint am Morgen später aufzugehen und nicht mehr so hell zu leuchten, als ob die jetzt von dem höheren, geistigen Lichte erleuchtete Erde ihrer nicht mehr bedürfe:

The winds, with wonder whist, etc.
(Ibid., 64—84.)

So erscheint die ganze Natur als mitempfindender Zeuge dieser weltbeglückenden Begebenheit. — Ein wirkungsvolles Naturgefühl offenbart sich in dem Sonett „An die Nachtigall", das sich durch Einfachheit des Ausdrucks und durch Innigkeit der Empfindung gleicherweise auszeichnet. Es ist ein Stimmungsbild, welches ahnungsreiche Stille und sehnsuchtsvolles Hoffen durchzittern. Indem die Wiederkehr der wonnigen Maienzeit Milton an seine Jugend erinnert, die bisher ohne minnigliche Freuden für ihn dahingeeilt ist, und zugleich Liebessehnsucht in ihm erweckt, giebt er sich hierbei der unter Liebenden verbreiteten abergläubischen Meinung hin, dafs es von besserer Vorbedeutung sei, im beginnenden Frühling den lieblichen Gesang der Nachtigall eher zu hören als den eintönigen Ruf des Kuckucks. In dieser Stimmung lauscht unser Dichter an einem Abende, als bereits die Sänger des Waldes verstummt sind, auf das vermeintliche Anzeichen seines Schicksales. Mit rührender Naivetät wendet er sich gleichsam plaudernd an jenen glückverheifsenden, lieben Vogel, um in herzinniger und herzgewinnender Weise diese seine Empfindungen zum Ausdrucke zu bringen. Wird die Nachtigall jetzt beim abermals neuerwachten Lenze ihm zuerst ihr süfses Lied auf blühendem Zweige trillern und so sein Herz mit neuer Hoffnung erfüllen, oder wird der verhafste Kuckuck vorher schon seinen ferntönenden Ruf in einem nahen Haine erschallen lassen? Leider hat der Dichter jahraus, jahrein bis jetzt den Kuckuck früher vernommen; um so sehnsuchtsvoller harrt er nun in diesem Jahre der Nachtigall, gleichviel, ob ihm ihr Gesang glücklichen Erfolg in der Poesie oder in der Liebe vorbedeutet:

O Nightingale that on yon bloomy spray etc.
(To the Nightingale.)

Von einer Reihe schöner Naturbilder, insbesondere auch kleiner landschaftlicher Schilderungen ist „Lycidas", jene berühmte Elegie Miltons auf den Tod seines lieben Freundes Edward King, durchflochten. Obgleich dieses Klagelied einem dorischen Hirten in den Mund gelegt wird, wie überhaupt dasselbe mehr als irgend eine andere englische Dichtung Miltons in das pastorale Gewand eingekleidet ist, so bekunden doch die ernsten, tiefen Töne dieses Gedichtes in schwungvoller Weise den natürlichen und rührenden Schmerz des trauernden Freundes, indem sie zugleich eine wahrheitsgetreue Darstellung der wirklichen Thatsachen von Kings kurzem Leben und jähem Tode, sowie von seinen Beziehungen zu Milton geben.

In den einleitenden Versen erklärt der jugendliche Sänger, dafs nur das traurige Los seines Freundes Lycidas[1]) ihn veranlassen konnte, sich vor der Zeit seiner völligen Reife zum Andenken an den Verklärten in melodischen Rhythmen zu versuchen.[2])

> Yet once more, O ye laurels, and once more, etc.
> (Lyc., 1—9.)

In pastoralem Apparate, der in der ganzen Elegie zur Anwendung kommt, wird sodann vorgeführt, wie sie beide zu Cambridge in ein und demselben College ihre wissenschaftliche Bildung empfingen, wie sie denselben Neigungen, denselben Studien, denselben Zerstreuungen — es findet sich hier eine Morgen-, Mittag- und Abendschilderung arkadischen Hirtenlebens — sich hingaben:

> For we were nursed upon the self-same hill, etc.
> (Ibid., 23—36.)

---

[1]) Mit diesem klassischen Hirtennamen wird King bezeichnet. Als letzterer anfangs August 1637 sich auf der Ueberfahrt nach Irland befand, strandete das Schiff unweit der englischen Küste, und der fünfundzwanzigjährige Jüngling fand in den Wellen sein Grab.

[2]) Wir schliefsen uns in Bezug auf Vers 5 Masson an, nicht der Ansicht früherer Kommentatoren, die eine Anspielung auf King darin erblicken. Drei Jahre vorher hatte Milton den „Comus" geschrieben, und er war bis zur Abfassung des „Lycidas" (November 1637) nicht wieder als Dichter aufgetreten.

Nicht der Dichter allein beweint den dahingeschiedenen Freund; auch der Natur leiht er Mitempfindung und läfst dieselbe wie eine mitklagende Freundin um diesen schweren Verlust trauern:

> But, oh! the heavy change, now thou art gone, etc.
> (Ibid., 37—49.)

Noch weiter setzt er die Klage fort. Wo waren die Nymphen, fragt er wehmutsvoll, als der unersättliche Schlund sich über dem Haupte ihres geliebten Kindes schlofs? Sicherlich nicht nahe dem Orte des Unglücks: weder auf den Bergen von Wales, noch auf der rauhen Spitze der Insel Anglesea, noch dort, wo die Zauberfluten des Dee sich ergiefsen:[1])

> Where were ye, Nymphs, when the remorseless deep etc.
> (Ibid., 50—55.)

Und doch, so erwägt er weiter, wären die Nymphen auch dagewesen, was hätten sie nützen können?

Nach einer eingestreuten Betrachtung über den Ruhm läfst der Dichter sodann drei Gestalten vor sich aufsteigen.

Zuerst kommt Triton, der Herold des Meeres, abgesandt von seinem Vater Neptun, um Wellen und Winde über die Ursache von Lycidas' Tod zu befragen. In mythologischer Bildersprache erhalten wir Auskunft über das unglückliche Ereignis: nicht stürmisches Wetter ist am Tode dieses edlen, jungen Schäfers schuld gewesen; denn die See war ruhig und die Winde waren still, als jenes Unglück geschah; die mangelhafte Beschaffenheit des Schiffes oder ein auf diesem verhängnisvollen Fahrzeuge ruhender Fluch mufs das teure Haupt in die Fluten versenkt haben:

> But now my oat proceeds, etc.
> (Ibid., 88—102.)

---

[1]) Alle diese Örtlichkeiten liegen in der Nähe, wo King umkam. Masson sagt von dieser Stelle: "The topographical exactness here, under the poetic language, is worthy of remark, and is one of Milton's habits." (The Poetical Works of John Milton. Ed. by David Masson, London 1882. Bd. I, S. 55.)

Als nächste Person erscheint der **Flufsgott Camus**, der, in ein härnes Gewand gehüllt und das Haupt mit dunkler Binsenmütze bedeckt, langsam dahinwandelt[1]) und traurigen Tones fragt, wer ihm seinen teuersten Sohn geraubt hat:

> Next, Camus, reverend sire, went footing slow, etc.
> (Ibid., 103—106.)

Zuletzt naht St. Peter, der den Verlust gerade dieses vielversprechenden Jünglings beklagt und bei dieser Gelegenheit — wir haben hier eine zweite, noch längere Abschweifung des Dichters — heftige Zornreden gegen die ungetreuen Hirten, deren Beruf es ist, Gottes Herde zu weiden, hervorbrechen läfst.

Gleichsam als ob durch diese schreckliche Stimme, die über die Landschaft hin ertönte und nunmehr verklungen ist, die Musen der Hirtendichtung verscheucht worden seien, ruft der trauernde Schäfer dieselben zurück. Es folgt der Rest dieses rührenden Hirtenliedes, welcher ebenfalls von tiefem Ernste, aber zugleich von einem intensiven Gefühle der Erhebung durchströmt wird.

Mit schwungvollen Worten fordert der Dichter in sinniger Weise die Thäler der Landschaft, wo das sanfte Geflüster in den Schatten, in den schelmischen Winden, in den sprudelnden Quellen wohnt, auf, ihre ausgesuchtesten Blumen, welche Hirten am teuersten sind, hervorspriefsen zu lassen. Die frühzeitige Primel, der buschige Hahnenfufs, der blasse Jasmin, die weifse Nelke, das schwarz gesprenkelte Stiefmütterchen, das glühende Veilchen, die Moschusrose, das Geifsblatt in seinem lieblichen Schmucke,

---

[1]) Der Flufs Cam, welcher bei Cambridge vorbeifliefst, ist auf diese Weise sehr passend eingeführt und seiner Natur nach beschrieben; denn es ist ein in mannigfachen Windungen ruhig dahinströmender Flufs, dessen Ufer von Binsen und Schilfrohr eingefafst sind. Man vergleiche hierzu folgende Stellen:

> Jam nec arundiferum mihi cura revisere Camum.
> (Ad Carol. Diodat., 11.)
> Stat quoque juncosas Cami remeare paludes.
> (Ibid., 89.)

die bereits verblafste Schlüsselblume, welche sinnend das
Haupt neigt, der unverwelkliche Amarant, die Narcisse
mit ihrem thränenerfüllten Kelche — alle diese Blumen[1])
sollen das lorbeerumrankte Grab des Lycidas schmücken:

> Return, Alpheus; the dread voice is past etc.
> (Ibid., 132—151.)

Plötzlich erinnert sich der Dichter, dafs alles
dies nur thörichte Einbildung ist; denn Lycidas' Leichnam, hin- und hergeworfen in einer unbekannten Tiefe
des Atlantischen Oceans, ist das Spiel der brausenden
Fluten.[2])

Aber obgleich jene sterbliche Hülle nie auf der Erde
wiedergesehen werden wird, so ist doch Lycidas selbst
nicht tot; sondern gleichwie die Sonne in das Meer hinabsinkt, um bald darauf in frischem Strahlenglanze am Morgenhimmel wieder aufzugehen, so sank auch jener tief, doch
nur um in eine höhere Welt einzutreten, die schönere
Haine und Ströme besitzt als dieses irdische Arkadien.
Dort in diesem gesegneten Reiche der Wonne und Liebe

---

[1]) Milton hat solche Blumen gewählt, die, entsprechend dem
jugendlichen Alter, in welchem King seinen Tod fand, oder auch
entsprechend der Jahreszeit, in welcher sich dieser traurige Vorfall
ereignete, im Frühling und im Sommer die Wiesen schmücken. Obgleich eine derartige Pflanzenzusammenstellung gegen die Naturwahrheit verstöfst, so gehört dennoch diese duftende Flora mit ihrer
prächtigen Blumengruppierung, ihrem zarten Farbenreichtume, ihrem
musikalischen Rhythmus zu den schönsten, formell vollendetsten
Stellen Milton'scher Poesie. — Bei dieser Gelegenheit sei hier gleich
darauf hingewiesen, dafs auch noch in anderen Schilderungen Miltons
naturgeschichtliche Bedenklichkeiten und Unrichtigkeiten sich finden,
ohne dafs wir an den betreffenden Stellen darauf zurückkommen
werden. Es sind dies eben, abgesehen von einem hier oder da etwa
untergelaufenen Widerspruche, „poetische Licenzen", die dem Dichter
bei seiner Darstellungsweise Dinge erlauben, welche anderen Menschen
nicht nachgesehen werden, und die sich ebenso bei einem Shakespeare
und bei einem Goethe finden wie bei Milton.

[2]) Der von der See verschlungene Leichnam ist in der That nicht
aufgefunden worden.

lebt er, umgeben von den Heiligen, welche auf ewig die Thränen von seinen Augen trocknen:

Weep no more, woeful shepherds, weep no more, etc.
(Ibid., 165—181.)

So fehlt es in dieser Elegie durchaus nicht an Natursinn, wenn sich derselbe auch nur im Zusammenhange mit den erzählten Thatsachen und mit persönlichen Empfindungen äufsert. — In ähnlicher Weise ranken Freundesliebe und Naturgefühl zusammen in jenem anderen Schäfergedichte, in welchem Milton Karl Diodati, den vertrautesten Gefährten seiner Jugend, beklagt: im „Epitaphium Damonis". In Worten bitteren Schmerzes und herzlicher Zärtlichkeit spricht er von dem Heimgegangenen, der als treuer Freund ihm immer zur Seite stand und in sein Innerstes blicken durfte:

"Quis mihi fidus" etc.
(Epit. Damon., 37—73.)

Eine behagliche Stimmung und ein sanfter Hauch von Liebe zur Natur wehen durch ein Sonett aus der späteren Lebenszeit Miltons, als derselbe bereits völlig erblindet war. Infolge der kalten Lüfte und grauen Nebel des Winters, wo Felder und Wälder nafs und die Landwege mit Schmutz bedeckt sind, mufs der Dichter, wie er hier erklärt, seinen Freund Lawrence am wärmenden Kamine empfangen, wo sie beide bei Speise und Trank und kunstvollem Gesange oder auch bei dem Klange der Laute sich die Zeit vertreiben und auf diese Weise die rauhe Jahreszeit sich verkürzen, bis der laue Westwind die gefrorene Erde wiederbelebt und dieselbe von neuem mit Lilien und Rosen schmückt:

Lawrence, of virtuous father virtuous son, etc.
(To Mr. Lawrence, 1—12.)

Die in obigen Versen sich offenbarende Berührung der subjektiven Empfindung des Dichters mit der Natur können wir nicht als eine rein äufserliche und erkünstelte betrachten, sondern sind der Ansicht, dafs diesem hier

Ausdruck verliehenen Verhältnisse Miltons zur Natur eine wirkliche Regung seines Herzens zu Grunde liegt. Wie oft mag die ihn umgebende landschaftliche Natur ihren überaus verschiedenen Einfluſs, den der unter dem nördlichen Himmel so sehr in die Sinne fallende Wechsel der Jahreszeiten mit sich bringt, auf sein Gemüt ausgeübt haben! Wie oft mag er die verschiedene Wirkung sonniger oder trüber Tage an seiner eigenen Stimmung erfahren, den ungleichen Eindruck einer im alles belebenden Morgenlichte oder in friedlicher Abenddämmerung daliegenden Landschaft — wir erinnern nur an seine beiden Gedichte „L'Allegro" und „Il Penseroso" [1]) — empfunden haben!

In einem anderen Gedichte stellt Milton auf sehr wirksame Weise seiner nordischen Heimat mit ihrem unfreundlichen Himmel und ihren rauhen Winden Italiens fruchtbare Gefilde und altberühmte Städte, über die der Zauber des goldenen Südens ausgegossen ist, gegenüber:

> Haec ergo alumnus ille Londini Milto, etc.
> (Ad Salsillum, 9—16.)

Keineswegs aber darf uns deshalb der Dichter etwa ungerecht gegen seine heimatliche Natur erscheinen. Obgleich verschiedene Gegenden auch auf sein Gemüt verschieden eingewirkt haben mögen, so erfüllten ihn doch die eigentümlichen Vorzüge des britischen Eilandes nicht mit weniger Entzücken als die malerischen Reize der südlichen Landschaft, und wohl oft hat er, nachdem sein Augenlicht für immer erloschen war, in seinem Geiste frühere Eindrücke von der Aufsenwelt sich vergegenwärtigt,[2]) die wie Balsam auf sein wundes Herz wirken mochten. Freilich muſste andrerseits diese Erinnerung an die Schönheit der Natur, an die Herrlichkeit des Lichts, die er nicht mehr schauen konnte, ihn immer und immer wieder die Sehkraft seiner Augen schmerzlich vermissen

---

[1]) Vgl. S. 77 ff.
[2]) Vgl. Par. Lost, III. 26 ff.

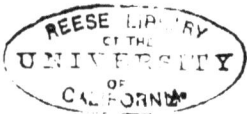

lassen, wie dies auch in mehreren Stellen seiner Dichtungen zum Ausdrucke gekommen ist.[1])

Wehmütig spricht der fromme Dichter in dem herrlichen Sonett „Auf seine Blindheit" von dem Werte des Lichtes und von seiner Sehnsucht nach demselben:

> When I consider how my light is spent etc.
> (On his Blindness, 1—8.)

Tief ergreifend beklagt der Schöpfer des „Verlorenen Paradieses" dort seine Blindheit in einem hochpoetischen Hymnus auf das Licht, dessen Segnungen uns mit lebensfrischer Wahrheit und Natürlichkeit vor Augen geführt werden. Mit dem Beginne des dritten Gesanges nämlich, der durch diese rührende Ansprache an das Licht eingeleitet wird, kehrt der dem stygischen Pfuhle entronnene Dichter an der Hand der Muse freudig zum Lichte zurück. Voll Entzücken begrüfst er das heilige Licht als das erstgeborene Kind des Himmels, als den ewigen Strahl, gleich ewig mit dem Ewigen,[2]) als den rein ätherischen Strom, dessen Quelle niemand kennt, um sich in seinem jetzt noch kühnerem Fluge bis zum Urquell des Lichtes, bis zu jener

---

[1]) An Miltons Naturschilderungen fällt die Hervorhebung des Lichtes und seiner Abstufungen im Gegensatze zur Finsternis ins Auge. Namentlich im „Verlorenen Paradiese" wendet sich der Dichter mit Vorliebe dem rauschenden Strome des Lichtes zu, dessen Erscheinungen und Wirkungen in ihrer lieblichen Mannigfaltigkeit mit malerischer Pracht und mit tiefer Empfindung hier poetische Darstellung gefunden haben. Von besonderer Wirksamkeit sind noch diejenigen Stellen, in denen Milton Licht und Schatten ineinander spielen läfst und so jenes zauberische Helldunkel erzeugt, in welchem alle bestimmten Formen und Farben verschweben und vieles Unausgesprochene, ja Unsagbare einer Schilderung der Ahnung des Beschauers überlassen wird. Nicht mit Unrecht hat man vermutet, dafs Miltons Blindheit auf sein „Verlorenes Paradies" in dieser Beziehung von günstigem Einflusse gewesen sein mag. Vgl. The Poetical Works of John Milton. Ed. by David Masson, London 1882. Bd. II, S. 51 ff. Alfred Stern, Milton und seine Zeit. Leipzig 1879. Teil II, Buch IV, S. 98.

[2]) Vgl. S. 94.

ewigen Glorie emporzuheben, wo der Allmächtige thront und auf das Erschaffene niederschaut. Frisch atmet der blinde Sänger auf, der die Wärme der allbelebenden Sonne fühlt; aber — seine Augen suchen vergebens den die ganze Natur durchdringenden Lichtstrahl, vergebens selbst den schwächsten Lichtschimmer. Nur in der Erinnerung erblickt er, was in der Natur einmal grünte und blühte, anheimelte und anmutete. Ihm kehren nicht die Jahreszeiten wieder, ihm leuchtet kein Morgen- und kein Abendrot, ihm ist es nimmermehr vergönnt, des Lenzes Blüten und des Sommers Rosen zu schauen, nimmermehr ein menschliches Antlitz zu sehen. Wolken ewiger Nacht umhüllen sein Haupt; ihm ist das schöne, helle Buch der sichtbaren Natur entrissen und dafür ein Exemplar gegeben, in welchem die Schrift vollständig ausgelöscht ist — ein leeres Blatt. Aber obgleich ihm so der eine Weg der Erkenntnis verschlossen ist, strahlt ihm doch ein helleres, ein geistiges Licht im Innern,[1]) das ihn singen und sagen läfst, was dem äufseren Auge unsichtbar ist:[2])

Hail, holy Light, offspring of Heaven first-born! etc.
(Par. Lost, III. 1—55.)

Nicht minder laut und wirksam erschallt endlich dieser Klageruf im „Simson Agonistes", wo der blinde, angefeindete und verfolgte Puritaner die subjektive Erregtheit seiner eigenen Empfindungen auf jenen hebräischen Helden, der ähnliches Schicksal erfuhr, übertragen hat. Mit bittrem Schmerze erklärt der gefangene Simson, dafs er elender

---

[1]) Das, was Milton von Tiresias sagt, dafs nämlich die Blindheit desselben dessen geistige Sehkraft erweiterte:
  [Dircaeus augur], cui profundum caecitas lumen dedit.
(De Idea Plat., 25.)
können wir somit auf unseren Dichter selbst anwenden.

[2]) Der Nachtigall, die, im dichten Laub verborgen, in der Dunkelheit ihre herrlichsten Weisen ertönen läfst, fühlt er sich verwandt, und solchen Ruhm, wie ihn die grofsen Sänger und Seher des Altertums erlangten, die gleiches Los der Blindheit mit ihm ertrugen, will er erstreben.

sei als der schwächste Wurm, welcher auf Erden kriecht, aber sieht, während er, blind unter Feinden, dem Gespötte und der Verachtung preisgegeben, hilflos im Dunkeln taste und kaum noch halb zu leben glaube. In lang hinwallenden Tönen tiefen Kummers ruft dieser Unglückliche aus, dafs unabänderliches Dunkel ihn die Sonne nie wiederschauen lasse, und gerührten Herzens lassen wir denselben fragen, warum das dem Leben so notwendige Licht auf den zarten Ball des Auges beschränkt und nicht dem ganzen Körper zuerteilt ward, so dafs es durch alle Poren ausströmen könnte:

> But, chief of all, etc.
> (Sams. Agon., 66—97.)

Es sei hier noch einiger Stellen gedacht, in welchen das gemütliche Interesse an der Natur recht deutlich sich kundgiebt, indem der Dichter das menschliche Herz in so enge Verbindung, in so harmonische Beziehung zu einer bestimmten landschaftlichen Umgebung treten läfst, dafs es in ihr gleichsam eine Freundin erblickt.

Als Adam, im Bewufstsein der ganzen Schwere der begangenen Sünde, sein gequältes Herz durch rührendes Jammern zu erleichtern sucht, klagt er in seiner nächtlichen Einsamkeit sein Leid der stummen Natur, indem er dieselbe zum Zeugen jener glückseligen Lebenstage anruft, wo er ehedem im Thale und im Haine Gottes Lob erschallen liefs:[1])

> "O woods, O fountains, hillocks, dales, and bowers!" etc.
> (Par. Lost, X. 860—862.)

Nachdem das erste Menschenpaar aus dem Munde des Engels vernommen hat, dafs sie das Paradies verlassen sollen, jammert und klagt Eva laut an dem Orte ihrer stillen Abgeschiedenheit. Feinsinnig, natürlich und ergreifend schildert uns der Dichter Evas Kummer und Wehmut; die Empfindungen, welche derselbe sie hier aussprechen läfst, haben etwas aufserordentlich Sanftes und Weibliches an

---

[1]) Vgl. S. 121.

sich. Wie schwer wird es ihr, zu scheiden von ihrem heimatlichen Boden, in dessen wonnigen Gefilden sie bis an ihr Ende friedlich zu leben gedachte, zu scheiden von den schönen Blumen, die sie bisher früh und spät mit zarter Hand so sorgsam gepflegt hat und die nun ihr fühlendes Menschenherz sich selbst überlassen soll, zu scheiden von ihrer hochzeitlichen Laube, die von ihr selbst mit so manchem Schönen und Duftigen ausgeschmückt worden ist! In ihrem herzbrechenden Schmerze, der — ganz nach Frauenart — bei ihr laut und überaus schnell zum Ausdrucke kommt, hält sie es kaum für möglich, dafs sie diese mit ihrem Leben verwachsene Stätte verlassen soll:

Adam, at the news etc.
(Par. Lost, XI. 263—285.)

Adam verhält sich im Vergleiche zu Eva ruhiger und männlich, indem er seinen Schmerz mehr im Inneren verbirgt. Auch er ist nicht minder betrübt als sie; aber während Evas Kummer hauptsächlich darin liegt, dafs sie das Paradies mit allen seinen Schönheiten verlassen mufs, hat Adams Trauer einen tieferen, seinen Charakter veredelnden Grund: weil er aus einem Orte verbannt werden soll, wo er mit Gott und seinen Engeln verkehrt hat, ohne je fortan das Antlitz des Allmächtigen mehr zu schauen:

"This most afflicts me that, departing hence," etc.
(Par. Lost, XI. 315—329.)

Auch hat der Dichter nicht unterlassen, Gemütszustand und Natur zum Gegensatze zusammenwirken zu lassen, um so gleichsam die feindliche Seite der Natur vorzuführen.

Als Satan auf der neuerschaffenen Erde angelangt ist und das Paradies mit seiner nicht geahnten Herrlichkeit vor sich, die Sonne in ihrem vollen Glanze über sich erblickt, denkt er über seinen einstigen glücklichen Zustand im Himmel, wie auch über sein jetziges und zukünftiges Los nach und sucht in einem Monologe sich seiner Gewissensbisse und der bis jetzt in ihm geschlummerten Verzweiflung zu entledigen. In schwungreichen Worten beginnt der Dichter dieses Selbstgespräch Satans mit einer erhabenen Anrede an die Sonne, die jenem keine Huldigung zollt, kein Mitgefühl entgegenbringt, und die derselbe aufs tiefste hassen mufs, weil sie ihn nur daran erinnert, wie herrlich er einst selbst über ihr thronte:

"O thou that, with surpassing glory crowned," etc.
(Par. Lost, IV. 32—41.)

III.

Eine andere Form, in welcher Milton die Natur behandelt, ist die **objektive** oder **epische** Schilderung. Hier verwendet der Dichter die Natur als Hintergrund, als Rahmen und Randverzierung für seine Bilder menschlichen Fühlens und Handelns, indem er uns mit dem Orte und der Zeit bekannt macht, wo die darzustellenden Erscheinungen, Bestrebungen und Ereignisse vorgehen. Die Natur tritt also vor den Menschen, überhaupt vor den Personen, welche Gegenstand der betreffenden Dichtung sind, zurück und wird nicht um ihrer selbst willen zur Darstellung gebracht, so selbständig sie bisweilen auch geschildert zu sein scheint.

Wir beginnen mit den örtlichen Schilderungen.

An erster Stelle ist jene lateinische Elegie zu nennen, in welcher Milton den verstorbenen Lancelot Andrews, Bischof von Winchester, feiert. Der Dichter wandelt im Traume auf einem weiten Wonnegefilde [1]) umher, das im Sonnenscheine und im Farbenzauber malerisch erglänzt:

Illic punicea radiabant omnia luce, etc.
(In Obit. Praes. Wint., 39—50.)

---

[1]) Es ist die himmlische Stätte, an welcher ihm jener dahingeschiedene Prälat in verklärter Gestalt erscheint.

In dem Maskenspiele „Comus" erblickt der Zuschauer beim Aufgehen des Vorhangs einen „wilden Wald", dessen schattige Wipfel dem einsamen, verirrten Wanderer grauenvoll zunicken:

— — — — — this drear wood, etc.
(Comus, 37—39.)

Dieser Wald ist von schmalen Hohlwegen und begrasten Pfaden, von steilen Hügeln und tiefen Waldesschluchten, von strauchbewachsenen Thälern und umbuschten Giefsbächen durchzogen. Comus spricht zur Jungfrau:

I know each lane, and every alley green, etc.
(Ibid., 311—314.)

Ein duftiger Stimmungshauch sinnvoller Phantastik liegt auf der Scene. Es ist Abend.[1]) Jetzt ist die Zeit gekommen, wo in diesem weiten, düstern Gehölze das Reich der Naturgenien beim zauberischen Mondenscheine in schwankem Tanze sich bewegt. Muntere Feen und flinke Elfen hüpfen am sandigen Ufer, und bunt bekränzte Waldnymphen halten an klaren Bächen und Quellen ihre nächtlichen Spiele ab:

The sounds and seas, with all their finny drove, etc.
(Ibid., 115—121.)

Auch der gefährliche Sohn des Bacchus und der Circe, Comus, welcher ebenfalls daselbst haust und in wüster Ausgelassenheit seine lärmenden Feste feiert, beginnt zu dieser Zeit sein nächtliches Treiben. Umgeben von seinen Ungeheuern, stürmt er unter wildem Lärme aus des Waldes Dickicht hervor und fordert seine Genossen auf, ihr übliches Nachtfest zu beginnen:

Come, let us our rites begin: etc.
(Ibid., 125—127, 143—144.)

Beim ersten Blicke mag es auffallen, dafs die Darstellung des Schauplatzes — der Ort der Handlung ist

---

[1]) Vgl. S. 50 f.

die Umgebung des berühmten, über der Stadt Ludlow gelegenen, gleichnamigen Schlosses in Shropshire — ganz unbestimmt gehalten ist.[1]) Allein bei näherer Erwägung findet man, dafs diese nebelig verschwommene Scenerie als Seitenstück zur Handlung, die vom Dufte des Wunderbaren durchzogen wird, dient und zu dem „phantastisch märchenhaften Charakter"[2]) des Stückes durchaus pafst, wie denn auch in Übereinstimmung hiermit derselbe Dämmerschein des Unbestimmten die auftretenden Personen umgiebt, insbesondere Comus eine luftige Gestalt ohne feste Umrisse ist. „Die Unbestimmtheit der ganzen Umgebungen," so bemerkt Immanuel Schmidt mit Recht,[3]) „bildet allerdings ein poetisches Motiv im Comus; es ist die Unbestimmtheit einer Mondscheinlandschaft, deren trüb verschwimmende Gegenstände uns um so mehr beschäftigen, je weniger wir sie zu begrenzen vermögen."

Aufser der Schilderung des Schauplatzes der ersten Scene hat Milton in diese Dichtung noch einige andere kleine Gemälde aus der landschaftlichen Natur eingestreut. Dieselben sind mehr oder weniger skizzenhaft und zum Teil arm an individuellen Zügen.

Mit wenigen Strichen ist der Wohnsitz der Nymphe Echo in anschaulichen und zugleich musikalischen Rhythmen gezeichnet:

> Sweet Echo, sweetest nymph, that liv'st unseen etc.
> (Ibid., 230—235.)

Eine etwas pastoral gefärbte, Natur und menschlichen Zustand unmittelbar verbindende Schilderung, in die der Dichter ein hübsches Gemälde aus der phantastischen Feenwelt mittelalterlichen Aberglaubens eingeflochten hat, wird Comus in den Mund gelegt, welcher die beiden Brüder der

---

[1]) Näheres über die Lage der Stadt und des Schlosses, das jetzt Ruine ist, sowie deren Umgebung s. David Masson, The Life of John Milton. Bd. I (Cambridge 1859), S. 568 f.
[2]) Im. Schmidt, Miltons Comus. Berlin 1860. S. 17.
[3]) A. a. O. S. 26.

in dem wild verschlungenen Walde umherirrenden Jungfrau gesehen haben will:

> Two such I saw, what time the laboured ox etc.
> (Ibid., 291—301.)

In einem anderen ähnlichen Situationsgemälde, das noch mehr die Luft einer ätherischen Schäferwelt atmet, finden wir den Schutzgeist, welcher in der Gestalt des Thyrsis, eines Schäfers im Dienste des Vaters jener drei Geschwister, erscheint, im Vordergrunde:

> This evening late, by then the chewing flocks etc.
> (Ibid., 540—548.)

Als ferner die beiden Brüder aufgetreten sind, spricht der jüngere derselben die Befürchtung aus, dafs ihre Schwester jetzt in der Nacht vielleicht umherirre oder auch auf kaltem Rasen inmitten rauher Kletten und Disteln ruhe, das Haupt an einen Ulmenbaum gelehnt:

> But, Oh, that hapless virgin, our lost sister! etc.
> (Ibid., 350—355.)

Hierauf hält der ältere Bruder eine begeisternde Lobrede auf die Keuschheit, deren verborgene Kraft die Jungfrau weite Wälder und öde Heiden, verrufene Höhen und gefahrvolle Sandwüsten durchschweifen lasse, ohne dafs ein Wilder oder sonst ein Räuber ihre Unschuld zu beflecken wage. Ja selbst dort, wo die Verödung wohne, an unheimlichen Höhlen mit ihren schrecklichen Schatten, dürfe sie sicher ihres Weges wandeln. Kein böser Geist, der nachts im Nebel oder Feuer sich bei einem sumpfigen Moore oder See zeige oder den sonst irgendwo das Läuten der Abendglocke aus seinem Banne, wo er keine Ruhe finde, hervorbrechen lasse, könne der Reinheit eines tugendhaften Mädchens schaden:

> 'Tis chastity, my brother, chastity: etc.
> (Ibid, 420—437.)

Der Schauplatz des „Verlorenen Paradieses" umfafst den ganzen Kosmos in seinen einzelnen Sphären, wie Milton dieselben seiner Dichtung zu Grunde gelegt hat: die Hölle, das Chaos, die Erde mit den übrigen sie umgebenden, unzählbaren Weltkörpern, endlich den Himmel.

Bevor wir auf das Einzelne selbst eingehen, mögen einige erläuternde Vorbemerkungen hier Platz finden.[1]) Nach Milton ist der Raum unendlich. Dieses grenzenlose Gebiet bestand ursprünglich, d. h. vor der Schöpfung des jetzigen Weltalls, nur aus zwei Hemisphären, aus einer oberen Hälfte, dem Himmel, und einer unteren, dem Chaos. Nach der Besiegung der untreu gewordenen Engel jedoch liefs Gott tief unten im Chaos die Hölle sich bilden und schuf kurz nachher ebenfalls im Chaos, aber unmittelbar unter dem Himmel, die Erde und die anderen Weltkörper. Deshalb spricht der „Anarch", welcher mit der Nacht in der unterirdischen, verworrenen Masse gemeinsam herrscht,[2]) zu Satan:

"I upon my frontiers here" etc.

(Par. Lost, II. 998—1006.)

Indem Satan seinen mit ihm gefallenen Genossen den langen und schwierigen Weg schildert, der aus der Hölle hinauf zur Lichtwelt führt, erhalten wir eine Skizze von der gegenseitigen Lage dieser Teile des unendlichen Raumes zu einander. Ist nämlich jemand von den höllischen Bewohnern glücklich durch das ungeheuere Flammengewölbe, das sie rings umschliefst, sowie durch das über ihnen befindliche Thor gekommen, so gelangt er in das Gebiet des wesenlosen Chaos, das ihn zu verschlingen droht, und von da weiter hinauf nach der unbekannten, neuerschaffenen Welt:

"Long is the way" etc.

(Ibid., II. 432—444.)

Welch ein grofsartiger, das Universum des Innerweltlichen und des Überweltlichen, des Erschaffenen und des Unerschaffenen umspannender Schauplatz der Handlung!

Wir betrachten nun die einzelnen Teile dieses dichte-

---

[1]) Vgl. The Poetical Works of John Milton. Ed. by David Masson, London 1882. Bd. II, S. 26 ff.

[2]) Vgl. S. 45.

rischen Universums näher, und zwar beginnen wir mit dem uns am nächsten liegenden, mit der erschaffenen Welt. Entsprechend dem ptolemäischen oder richtiger alfonsinischen Systeme, nach welchem sich Milton, wenn auch nicht ohne Abweichungen, sein Weltgebäude aufbaut, bildet die Erde den festen Mittelpunkt des Kosmos. Um dieselbe bewegen sich in den zehn übereinander gewölbten Sphären[1]) alle anderen Weltkörper, die übrigens der Erde zum Nutzen geschaffen sind:[2])

"Terrestrial Heaven, danced round by other Heavens", etc.
(Ibid., IX. 103—113.)

Das Universum erscheint dem Satan in weiter Ferne als eine Kugel; nachdem er aber auf der dunklen Aufsenwölbung des Weltenrunds selbst angelangt ist, zeigt es sich ihm als ein düsteres, wüstes, grenzenloses Land ohne jedwede Krümmung, das keine Sterne erleuchten, wohl aber Stürme des feindlichen Chaos immer umtoben. Nur auf jener Seite, welche dem Himmel am nächsten, obgleich immerhin noch sehr fern ist, fällt von eben dort oben ein matter Lichtschein herab. Dieses hellere Gebiet ist auch weniger den Stürmen preisgegeben:

Meanwhile, upon the firm opacous globe etc.
(Ibid., III. 418—429.)

Auf der dämmerigen Aufsenseite der Welt liegt am Rande des Chaos ein windiger Ort, das Narrenparadies. Damals, als Satan auf seiner Erforschungsreise diesen Ort betrat, war derselbe noch unbewohnt. Erst später gelangten von der Erde hierher die Seelen aller thörichten Menschen mit ihrem nichtigen Streben und Handeln. Eitlen Unternehmungen huldigende, wenn auch sonst berühmte Helden und Gewaltige, ruhmsüchtige Eroberer und hochmütige Könige, überspannte Grübler, abergläubische Einsiedler, betrügerische Priester, einfältige Wallfahrer, heuchlerische Mönche — sie alle kommen von der Erde in diese

---
[1]) Vgl. S. 24.
[2]) Vgl. auch S. 116 f.

ihre neue Heimat. — Auf welche Weise aber gelangen sie dorthin? Sie durchschweben — Milton giebt hier eine Skizze vom Weltall nach dem ptolemäischen Systeme — die zehn übereinander gewölbten, sich drehenden Sphären: die sieben Planetensphären,[1]) die Fixsternensphäre, die Sphäre von Krystall und die „erste Wölbung",[2]) um alsdann durch den Weltausgang, der sich im Zenith jener Aufsenwölbung befindet,[3]) hindurchzufliegen der Himmelsschwelle zu wie die Geister der Gerechten. Aber an diesem Punkte werden jene irrenden Seelen, die schon Einlafs in die ewigen Wohnungen zu finden glauben, plötzlich von einem ungestümen Gegenwinde weit seitwärts über dem Rande der Welt durch die Luft in einen grofsen Vorraum der Hölle und des Chaos, das Narrenparadies genannt, geführt:[4])

So, on this windy sea of land, the Fiend etc.
(Ibid., III. 440—458, 463—497.)

Nachdem Satan durch diesen Limbus gelangt und alsdann noch lange auf der dunklen Aufsensphäre des Universums gewandert ist, erblickt er endlich die Himmelspforte, zu welcher Stufen, ähnlich jener Himmelsleiter, auf welcher Jakob im Traume die Engel auf- und niedersteigen sah, hinaufführen. Dieses Thor ist von besonderer Gröfse, sowie von solchem Glanze und Schmucke, dafs Menschenkunst es nicht einmal zu zeichnen, geschweige einen gleichen Bau auszuführen vermag. Unten auf der Weltoberfläche wird diese Stufenleiter von einem wie Jaspis und Perlen glänzenden Meere umflossen, über welches die Seelen der

[1]) Nach dem ptolemäischen Systeme sind dies: Mond, Merkur, Venus, Sonne, Mars, Jupiter, Saturn. Sonne und Mond wurden als Planeten betrachtet; Uranus und Neptun waren noch nicht entdeckt.
[2]) Oder das sogenannte Primum Mobile, das erste Bewegende, weil es von Gott alle Bewegung auf die anderen Gebiete übertrügt.
[3]) Vgl. weiter unten.
[4]) Mit Recht hat man von jeher diesen seltsamen Auswuchs des Milton'schen Weltgemäldes wegen Mangels an Wahrscheinlichkeit getadelt. Man darf wohl annehmen, dafs der Dichter dieses groteske Schattenbild nur eingeführt hat, um seinem Hasse gegen die Verderbtheit seiner Zeit Ausdruck zu verleihen.

heimkehrenden Erdenbürger, von den Engeln sanft geleitet, segeln, wenn sie nicht ein Flammenwagen emporträgt. Dem Himmelsthore gegenüber befindet sich in der „ersten Wölbung"[1]) eine Öffnung, durch die ein breiter Weg hinab zur Erde führt:

> All this dark globe the Fiend found as he passed; etc.
> (Ibid., III. 498—528.)

Durch diese Öffnung blickt Satan, auf der untersten Stufe stehend, mit Verwunderung hinab auf das Innere dieser neuen Welt, und zwar verschafft er sich eine doppelte Ansicht von der Schönheit der ganzen Schöpfung: einmal blickt er von dem Sternbilde der Wage im Osten westwärts nach dem gerade gegenüber liegenden Sternbilde des Widders; sodann überschaut er sie nochmals der Breite nach von Pol zu Pol. Hierauf stürzt er sich ohne langes Zögern senkrecht nieder in die erste Region der Welt und fliegt, als er an der Fixsternensphäre angelangt ist, schräg, indem er gemächlich in der marmorreinen Luft zwischen unzählbaren Sternen — es sind „andere Welten", von deren glücklichen Bewohnern der Dichter jedoch nichts Näheres erwähnt, da Satan dort nicht landet — nach dem Äquator zu sich hindurchwindet.[2]) Die Sonne mit ihrem goldenen Glanze fesselt zuerst sein Auge; deshalb lenkt er seinen Flug nach diesem grofsen, majestätisch strahlenden Lichtball:

> Satan from hence, now on the lower stair, etc.
> (Ibid., III. 540—543, 554—579.)

Mit glänzendem Bilderprunke wird die Pracht dieses unaussprechlich hell strahlenden, das Universum erwärmenden und belebenden Weltenkörpers geschildert:

> There lands the Fiend, a spot like which perhaps etc.
> (Ibid., III. 588—621.)

Wenden wir uns weiter der Erde zu, jenem lieblichen,

---

[1]) Und zwar im oberen Teile derselben, wo der Kosmos mit goldner Kette, welche vom Empyreum herabhängt, befestigt ist. Vgl. S. 46.

[2]) Vgl. The Poetical Works of John Milton. Ed. by David Masson, London 1882. Bd. III, S. 349.

wechselnden Bilde von Berg und Thal, von Flüssen, Wäldern und Auen, von Land und Meer. Satan erkennt die Schönheit derselben an, indem er ausruft:

"Sweet interchange" etc.
(Ibid., IX. 115—118.)

Der Schauplatz der Handlung auf Erden ist das Paradies, das der Dichter mit Recht ausführlich schildert, weil es der Wohnsitz der beiden ersten Menschen ist, die ja im Mittelpunkte des gesamten Interesses stehen.[1]
Mit wenigen, aber kräftigen und sicheren Zügen schildert Milton die äufsere Ansicht des Paradieses. Dasselbe erscheint als eine Hochebene, deren steile Seiten von undurchdringlichem Dickicht bewachsen sind und jeden Zugang hemmen. Aus diesem wilden Buschwerke erheben sich in stattlichen Reihen Cedern, Fichten, Tannen, Palmen, die den Paradiesesberg terrassenförmig emporsteigen lassen. Über die höchsten dieser wirkungsvoll gruppierten Bäume ragen wiederum grünende Hecken empor, die den Garten in luftiger Höhe ringsum wie ein das Ganze krönender Wall einschliefsen, und doch sind sie nur so hoch, dafs Adam und Eva immer noch eine herrliche Aussicht nach allen Seiten hin auf Eden[2] und dessen Umgebung haben:

So on he[3] fares, and to the border comes etc.
(Ibid., IV. 131—145.)

Der einzige Eingang in das Paradies befindet sich auf der östlichen Seite:

One gate there only was, and that looked east etc.
(Ibid., IV. 178 f.)

An einer anderen Stelle wird diese Pforte näher beschrieben. Die Pfeiler — das Thor selbst ist von Elfen-

---

[1] Es sei hier gleich angedeutet, dafs wir die Schilderung des Paradieses in etwas weiterer Fassung behandeln werden, indem wir auch einzelne Scenen aus dem so einfachen, ungekünstelten Naturleben Adams und Evas folgen lassen, soweit dieselben eng mit dem irdischen Schauplatze zusammenhängen.
[2] Vgl. S. 10 f.
[3] D. i. Satan.

bein¹) — werden von einem Alabasterfelsen gebildet, der hoch emporragt und schon aus weiter Ferne sichtbar ist. Ein Pfad windet sich zu diesem Eingange empor; an jedem anderen Orte ist der Garten wegen seiner Steilheit und jäh überhangenden Felsen unerklimmbar:

> It was a rock etc.
> (Ibid., IV. 543—548.)

Im Garten selbst finden sich die schönsten Bäume mit den kostbarsten Früchten. Besonders wird das Auge von dem Lebensbaume mit seinen ambrosiasüfsen, goldgelben Früchten gefesselt, der in der Mitte steht und alles weit überragt, während dicht daneben der des Todes, der Baum der Erkenntnis des Guten und Bösen, wächst:

> Out of the fertile ground he²) caused to grow etc.
> (Ibid., IV. 216—222.)

Als Satan in Schlangengestalt der nur allzu empfänglichen Eva mit seiner Verlockung naht, schildert er ihr den Erkenntnisbaum, welchen er eines Tages auf der Flur erblickt haben will, mit seinen Früchten von wundervollster Farbenpracht und lieblichem Dufte auf die verführerischte Weise:

> "Till on a day, roving the field, I chanced" etc.
> (Ibid., IX. 575—583.)

Unter Anwendung nur weniger Striche zeichnet der Dichter die Lage dieses Baumes mit plastischer Bestimmtheit. Voll Freude spricht die kluge Schlange zu Eva:

> "Empress, the way is ready, and not long" — etc.
> (Ibid., IX. 626—629.)

Südwärts wird Eden von einem breiten Flusse³) immer

---

¹) Vgl. Par. Lost, IV. 778.

²) D. i. Gott.

³) Milton hat es hier vermieden, den Flufs zu nennen — unvorsichtigerweise oder inconsequenterweise erwähnt er an anderer Stelle (IX. 71.) den Tigris als den Hauptstrom, welcher Eden durchfliefst —, und er hat klug hierin gehandelt, da man bei einer Vergleichung des gegenwärtigen Flufssystemes von Syrien und Mesopotamien (vgl.

in derselben Richtung durchflossen, der dann unterirdisch in dem Paradiesesberge weiterdringt, bis ein Teil desselben dort im Inneren — ähnlich dem Wasser in der Röhre eines Springbrunnens — emporsteigt und als frischer Quell am Lebensbaume hervorsprudelt.[1]) Während nun der andere Arm unter dem Berge fortfliefst, wässert jener, in kleine Bäche sich zerteilend, den Garten Gottes, fliefst dann gesammelt über den steilen Abhang des Berges hinab und vereinigt sich am Fufse desselben mit der aus dem Bergesdunkel hervorbrechenden Flut, um von da ab in vier Armen durch verschiedene Reiche weiterzufliefsen.[2]) — Jener saphirklare Quell verleiht der Paradieseslandschaft einen besonderen Reiz; aus ihm rieseln und plätschern kräuselnde Bäche über glänzende Perlen und Goldsand dahin und schlängeln sich unter Büschen fort, indem sie die Blumen und anderen Pflanzen mit Nektar tränken. Dieser Reiz wird aber noch dadurch erhöht, dafs hier die Natur, noch nicht verschnörkelt, in voller Freiheit und Üppigkeit erscheint; denn es ist kein Kunstgarten, in dem die Blumen in dichte, schön geordnete Beete mit zierlich verschlungenen Pfaden eingezwängt sind, sondern die gütige Natur hat sie in Fülle auf dem Berge wie im Thale, auf den frei im

---

S. 104.) mit dem Bibelberichte über die Flüsse, welche Eden durchströmen (vgl. 1. Mos., 2. 10 ff.), auf Schwierigkeiten stöfst. Milton, dessen Paradiesesplan sich auf die kurze Skizze gründet, welche die heilige Schrift giebt, stimmt mit der biblischen Darstellung auch darin überein, dafs ein Flufs Eden durchströmt und sich dann in vier Hauptwasser teilt; nur läfst er, hiervon abweichend, weil seinem Zwecke dienlich, diesen Flufs oder richtiger den Hauptflufs das Paradies unterirdisch durchfliefsen, bevor er sich teilt. Vgl. The Poet. Works of J. Milton. Ed. by D. Masson, London 1882. Bd. III, S. 352.

[1]) Vgl. hierzu als Ergänzung die folgende Stelle:

There was a place etc.

(Ibid., IX. 69—73.)

[2]) Auch hier hat es Milton unterlassen, die Namen zu nennen. In der Bibel heifsen diese vier Flüsse: Pison, Gihon, Hidekel und Phrat; als von ihnen durchströmte Länder werden Hevila, Mohrenland und Assyrien angeführt.

Sonnenscheine daliegenden Fluren wie auch unter den schattigen Lauben ausgesäet:

Southward through Eden went a river large, etc.
(Ibid., IV. 223—246.)

Vortrefflich hat es der Dichter verstanden, uns das von romantischer Phantastik umrankte Landschaftliche in seinen mannigfachen Objekten vorzuführen, und nicht ohne guten Grund nennt er diesen in ewigem Frühlinge [1]) prangenden Garten einen glücklichen Landsitz. Auf der einen Seite befinden sich Haine, aus deren Bäumen duftige Harze tropfen, während wieder andere Lustwälder von ihren lieblichen, goldgelben Früchten erglänzen, die von köstlichem Geschmacke sind. Zwischen diesen Hainen liegen blühende Auen und Matten, deren zarte Kräuter Herden abweiden, oder kleine, mit Palmen bepflanzte, grüne Hügel. Auch quellenreiche Thäler, reichlich mit Blumen in den mannigfachsten Farben geschmückt, ziehen sich dahin. — Auf einer anderen Seite erblickt das Auge kühle Grotten, worüberhin der Weinstock, üppig wachsend und sanft sich emporschlingend, seine Purpurtrauben rankt während von abschüssigen Hügeln Wasser niederrauschen, hier auseinanderfliefsend, dort in einem See sich vereinigend, dessen myrtenumkränzte Ufer sich in dem krystallenen Spiegel beschauen. Mit feinem, malerischem Zuge hat der Dichter hier das Wasser, jenes die Landschaft belebende, für Auge und Ohr gleich entzückende Element geschildert. Aber noch mehr Leben und Reiz bringt derselbe in diese herrliche Gartenlandschaft, indem er die gefiederten Waldsänger ihre Chöre schmettern und säuselnde Frühlingslüfte, gewürzt von dem süfsen Dufte der Auen und Haine, durch die grünen Blätter wehen läfst:

Thus was this place, etc.
(Ibid., IV. 246—268.)

Mit Wohlbehagen mag der Blick auf diesen blinkenden

---

[1]) Nach Miltons Ansicht herrschte vor dem Sündenfalle ein beständiger Frühling auf Erden, so dafs die Natur immer in voller Schönheit erschien.

Gewässern, duftigen Hainen, blumigen Auen, schattigen Grotten, einladenden Hügeln und freundlichen Thälern haften; aber mit Verwunderung schaut das Auge auf die strotzende Fruchtbarkeit, auf die unendliche Mannigfaltigkeit der Vegetation in diesem herrlichen Gottesgarten. Als Satan sich gleich einem Raben auf den Lebensbaum emporgeschwungen hat, um das Menschenpaar zu beobachten, erblickt er jenen ganzen Reichtum der Natur. Ein Himmel auf der Erde scheint ihm der Garten zu sein:

> Beneath him, with new wonder, now he views, etc.
> (Ibid., IV. 205—208.)

Welch ein üppiges Grünen und Blühen, welch eine reizvolle Frische und Fülle! Hier prangt ein schattenreicher Kreis der schönsten Bäume, deren Fruchtbarkeit so aufserordentlich grofs ist, dafs dieselben zu gleicher Zeit im bunten Farbenschmelz prangende Blüten und goldfarbige Früchte tragen, die im Sonnenlichte herrlicher erglänzen als von jenem beschienene Abendwolken oder als der Regenbogen. Den sich Nahenden aber umsäuselt die reinste Frühlingsluft, welche jede Trauer aus dem Herzen verscheucht und dasselbe mit Freude erfüllt:[1])

> And higher than that wall a circling row etc.
> (Ibid., IV. 146—159.)

Als der Erzengel Raphael sich der seligen Stätte der Unschuld naht, um Adam und Eva vor Satan zu warnen, da führt ihn sein Weg durch Myrrhenhaine und durch ein wahres Chaos von Blütenduft und Wohlgerüchen, indem der Engel die Natur, welche hier mafslosen Segen und höchste Wonne

---

[1]) Man beachte am Schlusse das schöne Bild, in welchem die Lautfärbung einzelner Wörter mit dem Gegenstande in der Schilderung der sanften Lüfte harmoniert: letztere haben den Blumen und Blüten Wohlgerüche geraubt und spenden dieselben nun mit ihren duftigen Schwingen, indem sie leise flüstern, wo sie jenen Balsamduft gestohlen haben.

ausgegossen hat und in immer neuer Frische schafft, gleichsam in ihrem jugendlichen Kleide antrifft:[1])

> Their glittering tents he passed, and now is come etc.
> (Ibid., V. 291—297.)

Noch einige andere Stellen mögen als Beweis für jene Fruchtbarkeit und Pracht hier folgen.
Raphael spricht zu Adam:

> "He[2]) brought thee into this delicious grove," etc.
> (Ibid., VII. 537—542.)

Adam schildert den ihm von Gott angewiesenen Wohnort also:

> "A woody mountain, whose high top was plain," etc.
> (Ibid., VIII. 303—309.)

So hat der Dichter mit malerischer Anschaulichkeit ein wundervolles Landschaftsbild des noch unentweihten Paradieses, über welches eine gewisse Jungfräulichkeit ausgegossen ist, entworfen, so dafs selbst Satan darüber erstaunt und sein Auge durch diese irdische Herrlichkeit geradezu geblendet wird. Auch unser Blick weilt im Geiste mit herzlichem Wohlgefallen auf diesem blumen- und früchtereichen Garten, wo die Natur in saftstrotzender Fülle überaus frei und kräftig zur Entfaltung gekommen ist.

Aber alle diese einzelnen, verschwenderisch gespendeten, anmutigen Reize der landschaftlichen Natur vereinigen sich im Menschen zum vollendeten Bilde der Schönheit, der Kraft und der Würde. „Man glaubt die unsterblichen, reinen Klänge der Haydn'schen Schöpfung zu hören, wenn Adam und Eva, vom Satan belauscht, zuerst in die Er-

---

[1]) Der Dichter kann nicht umhin, an dieser Stelle nochmals darauf hinzuweisen, dafs die Natur im Paradiese in einer um so reizenderen Pracht erscheint, als sie durch keine Kunstregeln gemeistert und gemafsregelt ist; er rühmt eben die Pracht der wahren, sich selbst überlassenen Natur im Gegensatze zu ihrem künstlich verschönerten, oder sagen wir richtiger, verkünstelten Afterbilde.

[2]) D. i. Gott.

scheinung treten."¹) Mit angeborener Würde und in nackter Majestät wandeln die beiden erhabensten Geschöpfe der Natur einher, geschmückt mit hoher leiblicher Schönheit, die Züge des göttlichen Vorbildes wiederstrahlend und durch ihren Gegensatz zu einander den Reiz ihrer fleckenlosen Unschuld noch steigernd:

> Two of far nobler shape, erect and tall, etc.
> (Ibid., IV. 288—307.)

Adam ist der Schönste der Männer, Eva die Holdseligste der Frauen:

> So passed they naked on, nor shunned the sight etc.
> (Ibid., IV. 319—324.)

Edel ist ihre Gestalt und — so müssen wir noch hinzufügen — glücklich ihr Zustand. Aller Lebensnot bar und ledig, von jedem Seelenschmerze frei, verbringen die ersten Menschen ihre jungen Tage zwischen angemessenem Wechsel harmlosen Genusses und tändelnder Arbeit in einem Gott wohlgefälligen Leben.

Es ist ein reizendes Bild von aufserordentlicher Anmut und liebenswürdiger Naivetät, wie Eva ihres ersten Erwachens zum Leben gedenkt. Auf beschatteten Blumen liegend, sucht sie sich verwundert Aufschlufs zu geben über ihr eigenes Wesen, über den Ort ihrer Herkunft und ihres gegenwärtigen Aufenthaltes, wie auch über die Art und Weise ihres Dorthingelangens. Nicht weit von ihr ergiefst sich plätscherndes Wasser aus einer Grotte in einen Weiher, in dessen unbewegter und klarer Flut der reine Himmel wiederstrahlt. Dorthin geht sie und erblickt zu ihrem Staunen von dem grünen Ufer aus in der Krystallkläre des Wassers ein ihr gleiches Wesen, das ihr gefällt, ohne zu wissen, dafs es ihr eigenes Spiegelbild ist:

> "That day I oft remember, when from sleep" etc.
> (Ibid., IV. 449—465.)

Adam, der unterdessen ungesehen unter einer Platane

---

¹) Stern, a. a. O. Teil II, Buch IV, S. 83.

Evas schöne Gestalt betrachtet, kann sich nicht enthalten, ihr seine Brautwerbung anzutragen:

    "'Return, fair Eve;'" etc.
                  (Ibid., IV. 481, 487 f.)

Kurz entschlossen willigt Eva ein.

Mit Blicken zärtlicher Liebe und Demut schmiegt sich die Mutter des Menschen an unsern ersten Vater, ihn halb umarmend, der, entzückt von ihrer Schönheit und ihren Reizen sanfter Hingabe, lächelnd und liebevoll auf sie blickt und einen Kufs der reinsten Liebe auf ihre keuschen Lippen drückt:

    So spake our general mother, and, with eyes etc.
                (Ibid., IV. 492—502.)

An anderer Stelle schildert Adam selbst dem Raphael seine erste selige Begegnung mit Eva auf folgende Weise:

    "When, out of hope, behold her not far off," etc.
                (Ibid., VIII. 481—489.)

Hand in Hand gehen beide nach der blütenreichen, lieblich duftenden Laube, die Milton mit farbensattem Pinsel und mit behaglicher Kleinmalerei entworfen hat. Dieses herrliche Gartenhaus oder vielmehr Blumengewölbe ist von der Natur mit allem, was sie nur Schönstes miteinander verschmelzen kann, ausgestattet. Ein dichtes Geflecht aus hohem Laubwerke, von dem der Dichter besonders Lorbeer und Myrte hervorhebt, bildet das Dach. Die Bärenklau mit ihren grofsen, sich windenden Blättern und andere wohlriechende Pflanzen umfriedigen die grüne Wand, aus welcher schöne Blumen, wie z. B. die buntfarbige Iris, Jasmin und Rosen, ihre blühenden Kronen zu herrlicher Mosaik emporheben. Veilchen, Safran und Hyacinthen endlich schmücken reichlich und in den buntesten Farben den Fufsboden, als dessen Teppich sie gleichsam erscheinen. Die Tiere aber wagen aus ehrfurchtsvoller Scheu vor dem Menschen nicht in das Gartenhaus einzutreten. Kurz — so fügt Milton hinzu —, nie ist von einem Dichter eine so schöne Laube selbst als reines Phantasiegemälde besungen worden, wie diese es in Wirklichkeit gewesen ist. — Hier in diesem traulichen Verstecke findet sich das Hochzeitslager, welches mit duftigen Blumen und Kräutern geschmückt ist, während Himmelschöre das Hochzeitslied singen:

> Thus talking, hand in hand alone they passed etc.
> (Ibid., IV. 689—715.)

Im achten Buche wird sodann die Hochzeitsfeier selbst beschrieben. Es ist eine knappe, aber überaus liebliche Schilderung, über welcher ein Hauch „seelenvoller Natürlichkeit" und „keuscher Grazie"[1]) schwebt und in der eine wirksame, sinnige Auffassung der Natur zum Ausdrucke kommt, indem der Dichter die letztere durch stimmungsvolle Beseelungen zu sanftem Mitempfinden beim Schliefsen des Ehebundes heranzieht. Als nämlich Eva, die sanft errötet wie der Morgen, von Adam nach der hochzeitlichen Laube geführt wird, scheint sich die ganze Erde, ja selbst der Himmel über dieses Ereignis zu freuen und zu dieser Feier Glück zu wünschen. Die Gestirne giefsen ihren höchsten Segen auf diese Stunde aus, fröhlich singen ringsum die Vögel, sanfte Lüftchen flüstern im Haine und streuen Rosenduft und würzigen Balsamhauch von ihren Schwingen, bis endlich die Nachtigall das melodische Hochzeitslied singt, während der Abendstern, gleichsam als Hochzeitsfackel leuchtend, auf die keusche, nächtliche Liebe der Glücklichen herabschaut:

> "To the nuptial bower" etc.
> (Ibid., VIII. 510—520.)

Nachdem die beiden jugendlichen Gatten am Eingange der schattigen Laube ihr Abendgebet verrichtet haben,[2]) treten sie ein und entschlummern nach schuldlosem Liebes-

---

[1]) K. Bleibtreu, Geschichte der englischen Litteratur in der Renaissance und Klassicität. Leipzig 1887. S. 142.
[2]) Vgl. S. 120.

genusse, von Nachtigallen eingesungen und mit Rosen des
Blütendaches bestreut:[1])

> These, lulled by nightingales, embracing slept, etc.
> (Ibid., IV. 771—775.)

Welch einen feinen Gegensatz bildet diese reizende
Scene des ersten Liebespaares im Zustande der Unschuld
zu jenem düsteren Gemälde unserer Ureltern nach dem
Falle, wo das Gefühl der Reinheit und Unschuld aus ihrer
Seele entschwunden ist und wilde, fleischliche Begierden
in ihnen entbrennen! Adam wirft begehrliche Blicke auf
Eva, die sie mit glutvollem Auge erwidert, und zum ersten
Male besiegelt auf blumiger Rasenbank in einem schattigen
Gebüsche die böse Fleischeslust ihre Schuld:

> So said he, and forbore not glance or toy etc.
> (Ibid., IX. 1034—1045.)

Ein zarter dichterischer Schmelz liegt auf jenem anziehenden, plastisch anschaulichen Situationsgemälde, wo
Adam und Eva als neben einem klaren Quell unter schattigem Laubwerke, das sanft über der grünen Flur flüstert,
sitzend und umgeben von allerlei Tieren geschildert werden.
Hier ruhen sie unter des kühlen Zephyrs Erquickung auf
einer schief aufsteigenden Rasenbank, die mit Blumen bunt
geschmückt ist, aus und pflücken von den herabhangenden
Ästen der Bäume Früchte, um ihren Hunger zu stillen.
So laben sie sich am saftig süfsen Fleische des Obstes und
schöpfen mit den Fruchtschalen einen Trunk aus dem
rinnenden Quell. Dabei fehlt es nicht an traulichen Gesprächen, an zärtlichem Lächeln und an jugendlicher Liebelei. In dieser idyllischen Einsamkeit spielen rings um das
Menschenpaar, harmlos und zärtlich gleich ihm selbst, Tiere
verschiedenerlei Gattungen, mit denen allen jenes in Frieden

---

[1]) Es sind reine Naturmenschen, deren keusche Umarmungen frei
sind von sündhafter Fleischeslust. Erst durch das Wissen, durch
die Begierde nach Erkenntnis, welche später Eva zu Falle bringt
und schon vorher in Adam dem Engel Raphael gegenüber zum Ausdrucke kommt, von letzterem aber getadelt wird (vgl. S. 117), geht
ihre Unschuld verloren.

lebt, und die selbst auch in Eintracht bei einander wohnen.¹) Tändelnd vertreibt der Löwe sich mit dem Lämmchen die Zeit; Bären, Tiger, Panther, Parder hüpfen und springen um Adam und Eva herum; auch der schwerfällige Elefant versucht ihnen durch seine Kraft Freude zu bereiten und giebt seine Kunst mit seinem gelenken Rüssel zum besten; dicht daneben rollt sich die kluge Schlange in mannigfachen Windungen zu verwickelten Knoten, und indem sie so gleichsam sich selbst verbirgt, giebt sie Beweise ihrer argen List, ohne dafs freilich Adam und Eva sich veranlafst fühlen, sich vor deren Falschheit in acht zu nehmen;²) noch andere Tiere endlich liegen auf Gras und ruhen, starr vor sich hinsehend, aus oder käuen, gesättigt, auf ihrem weichen Lager wieder. Kein Mifsklang herrscht in der Natur. Fürwahr, ein zauberisches Gemälde, mit welchem die abendliche Ruhe beim Sinken der Sonne und bei dem allmählichen Erscheinen der in stiller Pracht funkelnden Sterne vortrefflich zusammenstimmt!

Under a tuft of shade that on a green etc.
(Ibid., IV. 325—355.)

Eine Reihe anderer lieblicher Schilderungen, in denen weniger Miltons Sinn für die Schönheit ganzer Scenerien, als vielmehr seine liebevolle Versenkung in die kleinen Reize einzelner Landschaftsobjekte zum Ausdrucke kommt, giebt der Dichter, indem er uns vorführt, wie unsere Ureltern mit der Pflege ihrer Blumen und mit anderer leichter Gartenarbeit sich bereits beschäftigten.³)

---

¹) Die Bewegungen einzelner Tiere sind treffend durch das Versmafs nachgeahmt.

²) Man hat mit Recht darauf aufmerksam gemacht, dafs der Dichter bei der Schilderung der Schlange ausführlicher ist als bei irgend einem der anderen Tiere und so gewissermafsen den Leser auf das Folgende schon vorbereitet.

³) G. Liebert („Milton. Studien zur Geschichte des englischen Geistes." Hamburg 1860. S. 321) sagt: „Zwar ist die Arbeit in dem schönen Garten kein ‚lästiger Frohndienst', sondern ein fröhlicher Zeitvertreib; dennoch ist sie schon da, was sie später geblieben ist: thatkräftiger Kulturtrieb, Überwältigung und Bezähmung der Natur, Ausbeutung derselben für menschliche Bedürfnisse und Zwecke."

Als der Abend hereingebrochen ist, bezeichnet Adam seiner Gattin die Aufgabe, die ihnen der folgende Tag bringt. Am nächsten Morgen wollen sie beim ersten Annahen des Lichts aufstehen, um die blühenden Bäume und die schattigen, grünen Lauben mit ihren üppigen Trieben wieder in Ordnung zu bringen und die Gartenpfade zu säubern:

"To-morrow, ere fresh morning streak the east" etc.
(Ibid., IV. 623—633.)

Eva stimmt ihm gerne bei; denn ihr Glück, ihr Ruhm besteht in der Hingabe an ihn, an dessen Seite sie die Zeit vergifst und ihr jede Tageszeit gleich ergötzend ist:

"With thee conversing, I forget all time," etc.
(Ibid., IV. 639—656.)

Innige Liebe zur Natur waltet in diesen harmonischen, wohlklingenden Versen, die trotz der epigrammatischen Kürze der Schilderung durch ihre reiche Mannigfaltigkeit wahrer Naturbilder und durch ihre Schönheiten in der Form eine solche Eindringlichkeit und musikalische Kraft erhalten, dafs wir in ihnen wohl eine überaus köstliche Perle englischer Naturpoesie erblicken dürfen.

So eilen denn beide am Morgen zu ihrem gewöhnlichen Tagewerke, um die zu dicht und buschig werdenden Bäume mit ihren üppigen Trieben vor Verschlingung zu schützen und die von Früchten übervollen Zweige zu stützen oder auch den starken Ulmenstamm mit der Weinrebe zu umranken:

On to their morning's rural work they haste, etc.
(Ibid., V. 211—219.)

An einer anderen Stelle erklärt Eva dem Adam, dafs, obgleich sie Kräuter, Blumen und Bäume pflichtgetreu pflegen, ihre Arbeit doch mit jedem Tage in dem grofsen Garten zunehme. Was sie am Tage von Auswuchs befreit, gestützt und gebunden hätten, das wuchere in der Nacht üppig wieder und drohe zu verwildern. Um ihre Geschäfte leichter zu bewältigen, schlägt sie eine Trennung bis zum Mittagsmahle vor. Adam soll sich nach seiner Wahl Arbeit suchen, wo sie nötig ist: er mag das Geifsblatt um den Baum winden und den klimmenden Epheuranken ihren Weg zeigen, während sie selbst im Rosen- und Myrtenhaine thätig sein will:

> "Adam, well may we labour still to dress" etc.
> (Ibid., IX. 205—219.)

Obgleich Adam von diesem Vorschlage nicht sehr erbaut ist, weil Eva allein ein Unfall zustofsen kann, setzt sie zuletzt doch ihren Willen durch. So wandelt sie noch einmal vor dem Falle in all ihrem Reize über das duftige Rosengefild; „noch einmal erscheint sie im vollen Glanze ihrer zerbrechlichen Grazie und Schönheit" [1]) und bückt sich häufig nieder, um zur Erde hangende Blumen, die in den herrlichsten Farben erglänzen, mit Myrtenreisern emporzurichten, während sie sich selbst vergifst: sie ahnt nicht, dafs sie selbst die schönste, schwache Blume sei, die von ihrer Stütze so fern und dem Sturme — ihrem Falle so nahe ist:

> Eve separate he [2]) spies, etc.
> (Ibid., IX. 424—433.)

Das ist das anmutige Idyll von den unschuldigen Stammeltern des Menschengeschlechts. Überaus reichlich ist hier des Dichters Natursinn zur Entfaltung gekommen; fast könnte es scheinen, als ob die Natur um ihrer selbst willen geschildert worden sei. Mit vorzüglicher Meisterschaft hat Milton den Zauber und die Herrlichkeit der jungfräulichen, blühenden und duftenden Natur, die noch nicht von der Schuld und dem Elende der Menschen entweiht ist, gemalt und auf geschickte Weise in die Handlung des Epos verwoben. Die Paradieseslandschaft liegt in dem blendenden Glanze ihrer farbenreichen, phantastischen Pracht und Abschattierung vor uns, indem sie in ihrer unverfälschten Urnatur gleichsam als ein Symbol der im Vordergrunde befindlichen, reinen und schuldlosen Eltern der Menschheit erscheint. Adam und Eva, geschmückt mit allen Reizen

---
[1]) Liebert, a. a. O. S. 351.
[2]) D. i. Satan.

jugendlicher Schönheit und Unschuld, sind, soweit wir dieselben hier kennen gelernt haben, und soweit dieselben überhaupt vom Dichter in seinem Epos objektiv geschildert worden sind, ein Paar frische Naturkinder mit naiven Anschauungen und zarten Empfindungen, deren reines Bild noch durch nichts getrübt und entstellt ist. Durch das Band der Liebe innig aneinander geschlossen, führen sie mit idyllischer Behaglichkeit inmitten des stillen Naturfriedens ein einfaches, aber glücklich leichtes Leben, das sie fast den Engeln, mit welchen sie traulich verkehren, gleich macht. —

Lieblich und anmutig ist das irdische Paradies geschildert; weniger anziehend erscheint uns der Himmel, zu dessen Betrachtung wir jetzt übergehen.

Der Himmel, der glückliche Sitz Gottes und aller Seligen, auch das Empyreum genannt wegen seines strahlenden Lichtes und Glanzes, ruht über der erschaffenen Welt. Er ist von unbestimmter Gestalt und wird von einem krystallenen Wall[1]) umgeben, dessen funkelnde Pforten[2]) in goldnen Angeln unter harmonischen Tönen ewig kreisen:

"Heaven opened wide" etc.
(Ibid., VII. 205—207.)

Im übrigen schildert der Dichter den Himmel ebenso bestimmt und deutlich, wenn auch nicht so ausführlich, wie die Erde.

Der lichte, himmlische Ätherboden ist mit Pflanzen, Früchten, Gold und Edelsteinen geschmückt. Satan spricht:

"'Which of us who beholds the bright surface'" etc.
(Ibid., VI. 472—475.)

Sein Schofs birgt, gleich dem der Erde, Schwefel, Salpeter, Metalle und Gesteine:

"In a moment up they[3]) turned" etc.
(Ibid., VI. 509—513, 516 f.)

Amarant umschattet den Lebensquell und den Strom

---
[1]) Par. Lost, VI. 860.
[2]) Par. Lost, VII. 575.
[3]) D. s. die gestürzten Engel.

der Seligkeit, dessen klare Flut duftend mitten durch die gesegneten Gefilde rollt:

> Immortal amarant — — — etc.
>
> (Ibid., III. 353, 356—359.)

Der Engel Raphael erklärt dem Adam, dafs im Himmel die Lebensbäume Ambrosiafrüchte tragen und die Reben Nektarsaft hervorbringen, indem er noch hinzufügt, Gottes Güte habe auch die Erde so reichlich und herrlich ausgestattet, dafs man dieselbe wohl mit dem Himmel vergleichen dürfe:

> "Though in Heaven the trees" etc.
>
> (Ibid., V. 426—432.)

Giebt es doch dort auch Berge, Thäler und Ebenen, wie z. B. die Schilderung der Engelschlacht beweist. Ja selbst Tag und Nacht wechseln miteinander ab, wenn auch nicht aus Bedürfnis wie auf der Erde, sondern nur zur ergötzenden Veränderung, um dadurch Einförmigkeit und Langweile zu vermeiden. Adam erfährt dies durch Raphael:

> "Evening now approached" etc.
>
> (Ibid., V. 627—629.)

Überdies erscheint im Himmel die Nacht nicht in solcher Finsternis wie auf Erden, sondern sie naht nur als angenehme Dämmerung:

> "Now, when ambrosial Night, with clouds exhaled" etc.
>
> (Ibid., V. 642—646.)

Sehr poetisch wird kurz darauf geschildert, wie Aurora, von den kreisenden Stunden geweckt, mit rosiger Hand die Thore des Lichtes in dem Berge Gottes aufschliefst, wo in einer Höhlung Licht und Dunkel wechselweise ein- und ausgehen, um im Himmel jene so anmutige Veränderung hervorzubringen, die mit Tag und Nacht auf Erden Ähnlichkeit hat:

> "All night the dreadless Angel, unpursued", etc.
>
> (Ibid., VI. 1—12.)

So finden sich denn im Himmel ihrer Natur nach dieselben Dinge wie auf der Erde; sie unterscheiden sich nur dem Grade nach, indem sie dort gröfser und prachtvoller sind. Raphael spricht es deutlich aus:

— — — "though what if Earth" etc.
(Ibid., V. 574—576.)

Man ist berechtigt, aus dem Vorhergehenden[1]) zu schliefsen, dafs Milton den Himmel als eine verschönerte, idealisierte Erde vor dem Sündenfalle betrachtet haben mag.[2]) Hiermit hängen die Schwächen zusammen, welche der Schilderung dieses überirdischen Schauplatzes anhaften, wie denn überhaupt der christliche Himmel, dieses abstrakte Reich des Guten und Wahren, des Lichtes und der Liebe, des Glanzes und der Herrlichkeit, wo das ewige Urwesen waltet, zu epischen Schilderungen nicht geeignet ist. Milton war sich dessen wohl bewufst,[3]) und mit Recht hat er eine ausführliche Beschreibung des Himmels unterlassen, indem er nur durch Vorführung irdischer Vergleiche seinen Zweck zu erreichen sucht. Aus Raphaels Munde vernehmen wir diese Absicht des Dichters:

"What surmounts the reach" etc.
(Ibid., V. 571—574.)

Von diesem Gesichtspunkte aus betrachtet, mögen jene überirdischen Schilderungen, die vielfach Gegenstand des Tadels geworden sind, Entschuldigung und eine gewisse Berechtigung finden; immerhin aber bleiben es Mängel, die ihnen den Stempel der Unvollkommenheit aufdrücken.

Wir wissen nicht, ob wir recht haben, aber uns scheint es, dafs der Dichter gerade hier durch zahlreichere, nur unbestimmte Andeutungen, durch Darstellung einer ahnungsvollen Unbestimmtheit der himmlischen Räume, die sich die Phantasie im einzelnen weiter ausmalen mag, seinem Ziele näher gekommen wäre als durch die zur Anwendung gekommenen sinnlichen Bilder und kühnen Erdenanalogien. —

Verlassen wir nunmehr diese „ätherischen Höhen", [4])

---

[1]) Vgl. auch Par. Lost, IV. 208 (s. S. 30) und IX. 99 ff.
[2]) Auch das Wesen der himmlischen Bewohner, auf die wir hier nicht eingehen können, erinnert allzusehr an die Sterblichen.
[3]) Vgl. S. 48 ff.
[4]) Par. Lost, I. 45.

um mit dem Dichter in die unterirdische Welt hinabzusteigen. Die Hölle liegt unterhalb des Chaos, etwa drei Welthalbmesser weit vom Himmel entfernt, in der äufsersten Finsternis des unerschaffenen Raumes:

> Such place Eternal Justice had prepared etc.
> (Ibid., I. 70—74.)

Dieselbe wird vom Dichter als ein furchtbarer Kerker geschildert, der auf allen Seiten wie ein mächtiger Schmelzofen glüht; aber den Flammen entstrahlt kein, oder sagen wir richtiger, wenig Licht, indem ringsum „sichtbare Dunkelheit" [1]) herrscht. Hier wohnen weder Friede noch Hoffnung; nur Qual auf Qual drängt sich endlos, während ein Feuermeer sich von Schwefel ewig nährt:

> A dungeon horrible, on all sides round, etc.
> (Ibid., I. 61—69.)

Betäubt, jedoch nicht sterbend, wälzen sich Satan und die übrigen Höllenbewohner umher:

> — — — he, with his horrid crew, etc.
> (Ibid., I. 51—53.)

An dieses furchtbare, feuerflüssige Schwefelmeer grenzt das Trockene oder Feste — Land scheint es zu sein —, das immerfort glimmt wie öder, brandichter Boden voll Qualm und Rauch:

> — — if it were land that ever burned etc.
> (Ibid., I. 228—237.)

Vier Flüsse, Styx, Acheron, Cocytus und Phlegethon, ergiefsen ihre unheilvollen Fluten in das Flammenmeer, während fern von ihnen Lethe in vielen Windungen langsam und ruhig dahinströmt.[2]) Jenseit des letzteren Flusses

---

[1]) Durch diese höchst wirkungsvolle Antithese will der Dichter ausdrücken, dafs daselbst nicht gänzliche Finsternis herrscht, sondern nur eine gewisse Dunkelheit, ein ahnungsvoller Dämmerschein, der dem Auge Anblicke tiefen Wehs ermöglicht, Stätten des Jammers und traurige Schatten enthüllt.

[2]) Bei dieser Gelegenheit beschreibt der Dichter nicht nur die eigentümliche Beschaffenheit dieser aus der griechischen Mythologie entlehnten Flüsse vortrefflich, sondern giebt gleichzeitig auch die etymologische Erklärung ihrer Namen.

liegt ein eisiges, dunkles Land, wo ewige Stürme, begleitet von schrecklichem Hagel, der unschmelzbar wie Trümmer uralten Mauerwerks aufgehäuft daliegt, toben. Überall, wohin das Auge blickt, liegt tief Schnee und Eis; dennoch wütet in diesem Teile der Hölle die Hitze nicht weniger als die Kälte, die beide freilich hier auf höchst widernatürliche Weise wirken:

— — four infernal rivers, that disgorge etc.
(Ibid., II. 575—595.)

Welch herrlichen Gegensatz bildet diese von rauhen Stürmen bestrichene, vor Schnee und Eis starrende Öde zu jenem versengenden und verbrennenden Feuermeere! Allerdings mufs zugegeben werden, dafs der Dichter hier, wie auch noch an anderen Stellen, grofse Anforderungen an die Einbildungskraft stellt; aber andrerseits ist es ihm auch durch diese sinnreiche Verwendung der beiden Extreme von Hitze und Kälte gelungen, die abwechselnden Qualen der gestürzten Engel, wie überhaupt das Furchtbare der Hölle vortrefflich anzudeuten:

Thither, by harpy-footed Furies haled, etc.
(Ibid., II. 596—603.)

Der feste Höllenboden hat grofse Ähnlichkeit mit der Erdoberfläche. Dort giebt es Berge, deren Gipfel gleich den irdischen Vulkanen Feuer und Rauch ausspeien, während ihr Inneres kostbares Metall enthält:

There stood a hill not far, whose grisly top etc.
(Ibid., I. 670—674.)

An einer anderen Stelle heifst es:

"This desert soil" etc.
(Ibid., II 270 f.)

Als ferner der Dichter schildert, wie ein Teil der Höllenbewohner diese weite, düstere Schreckenswelt durchforscht,[1]) erfahren wir, dafs es daselbst schauervolle Thäler,

---

[1]) Die Kommentatoren weisen darauf hin, wie die Verse 618 bis 621 ein treues Abbild der Langwierigkeit und Beschwerlichkeit jener Wanderungen sind; am meisten ist dies aus dem schönen, kraftvollen

Jammergegenden, Eisberge und Feueralpen, Felsen und Klippen, Höhlen und Schlünde, Sümpfe und Seen, Grüfte und Todesschatten giebt. Kurz, es ist eine Welt, in der alles Leben stirbt, der Tod nur lebt und die Natur nur wunderliche, widernatürliche, abscheulich-unnennbare Ungeheuer erzeugt, wie sie alte Mythen ersonnen haben:

> Through many a dark and dreary vale etc.
> (Ibid., II. 618—628.)

Öde und wild, einsam und dunkel ist dieser Ort der Verzweiflung, den ein blasser Lichtschimmer nur noch um so unheimlicher erscheinen läfst. Satan spricht zu Beelzebub:

> "Seest thou yon dreary plain, forlorn and wild," etc.
> (Ibid., I. 180—183.)

Sehr dichterisch wird das neunfache, feuerumflutete Höllenthor beschrieben:

> At last appear etc.
> (Ibid., II. 643—648.)

Auf jeder Seite der Pforte wacht ein schauerliches Wesen, die Sünde und deren Sohn, der Tod. Jene schildert der Dichter also:

> The one seemed woman to the waist, and fair, etc.
> (Ibid., II. 650—659.)

Dieser erscheint von noch furchtbarerem Schauer:

> The other Shape — etc.
> (Ibid., II. 666—673.)

Beide Gestalten sind meisterhafte Phantasiegebilde des Häfslich-Furchtbaren, die ihresgleichen suchen.

Von grofser poetischer Kraft zeigt auch die Schilderung des Öffnens der Höllenpforte durch die Sünde. Bis aufs kleinste ausgesponnene Ausführlichkeit und anschaulich packende Kürze wählt und wechselt der Dichter nach Bedürfnis, und mit grofser Geschmeidigkeit schmiegen sich die Klänge der Worte, die Pausen und Fortschritte der

---

Verse 621 ersichtlich, welcher infolge seiner nur einsilbigen Wörter, deren jedes einen bestimmten Begriff ausdrückt, eine ziemliche Zeit und eine gewisse Anstrengung beim Lesen erfordert.

Verse dem Inhalte an. Unter unangenehm knarrendem Geräusch und ungestümem Rückprall fliegt das entriegelte Thor so weit auf, dafs ein Heer mit entfalteten Bannern samt Rossen und Wagen in breiter Schlachtordnung hindurchziehen könnte. Der Donnerkrach der Angeln hat die Hölle in ihren Tiefen erschüttert. Offen steht das Thor, und ohne dafs es der Sünde möglich ist, es wieder zu schliefsen, wälzen sich nun zahllose Rauchwolken und rote Flammenglut wie aus einem Hochofen durch dasselbe:

> Thus saying, from her side the fatal key, etc.
> (Ibid., II. 871—889.)

Mit kühner Meisterschaft beschreibt der geniale Sänger das Wilde und Grofsartige des vorweltlichen Chaos.[1] Von dem Höllenthore aus erblickt Satan den grauenvollen, grenzenlosen, dunklen Ocean, wo Länge, Breite, Höhe nicht vorhanden sind, Raum und Zeit sich verlieren, wo die Nacht und das Chaos, die Urahnen der erschaffenen Welt, gesetzlos herrschen und durch den ewigen Kampf von Heifsem, Kaltem, Nassem und Trocknem sich behaupten.[2] Eine Weile schaut er in diesen wilden Abgrund der gährenden „Elemente", von denen keins deutlich zu unterscheiden ist, hinein, seine Reise durch die wilden Wogen des Atomenmeeres wohl erwägend:[3]

> Before their eyes in sudden view appear etc.
> (Ibid., II. 890—900, 910—920.)

Nachdem Satan unter unendlich vielen Schwierigkeiten — er schwimmt, sinkt, watet, kriecht und fliegt[4] —

---

[1] Masson in seiner Ausgabe ("The Poetical Works of John Milton." London 1882. Bd. III, S. 343) sagt von dieser Stelle: "Every part of this description of the Deep of Chaos, as seen upwards from Hell-gates, is minutely studied and considered. Altogether it would be difficult to quote a passage from any poet so rich in purposely accumulated perplexities, learned and poetical, or in which such care is taken, and so successfully, to compel the mind to a rackingly intense conception of sheer Inconceivability."
[2] Vgl. auch S. 64.
[3] Vgl. auch S. 93.
[4] Vgl. Par. Lost, II. 950.

durch das tosende Gewühl der ungeformten, wilden Masse sich Bahn gebrochen hat und an der Grenze der erschaffenen Welt angelangt ist, macht sich der heilige Strom des Lichts geltend, indem ein schwacher Dämmerschein vom Himmel auf den oberen Teil des Chaos fällt. Hier, an der Aufsenseite der Welt, weicht das letztere zurück, das wilde Getöse läfst nach, und Satan dringt nun mit weniger Mühe auf den stilleren Wellen vorwärts, bis er endlich auf der dünnen, luftähnlichen Wüste gemächlich mit ausgespannten Schwingen schwebt, um aus der Ferne das Empyreum zu betrachten. Welch ein Anblick! In unbestimmter [1]) Form erstreckt sich die strahlende Himmelsburg mit ihren Türmen von Opal und mit ihren Mauern von Saphir weithin, während die neuerschaffene Welt, welche nicht fern vom Empyreum an goldner Kette schwebt, dem Satan an Umfang wie einer der kleinsten Sterne dicht am Monde erscheint:

> But now at last the sacred influence etc.
> (Ibid., II. 1034—1053.)

Später tritt für die Höllenscharen eine grofse Erleichterung hinsichtlich ihres Verkehres mit der neuen Welt ein. Als es nämlich Satan geglückt ist, das Menschenpaar zu Falle zu bringen, bauen Satans Kinder, die Sünde und der Tod — es ist himmlischer Beschlufs —, eine breite, höchst kunstvolle Brücke von dem Höllenthore über den finstern, chaotischen Abgrund nach dem erschaffenen Kosmos: [2])

> Sin and Death amain, etc.
> (Ibid., II. 1024—1030.)

Wir brauchen kaum darauf hinzuweisen, dafs eine derartige Schilderung, von dem Gesichtspunkte der Wahrscheinlichkeit aus betrachtet, durchaus zu verurteilen ist. Ebenso findet sich der nüchterne Verstand verletzt, wenn man liest, wie höllische Bewohner unter Anführung

---

[1]) Die Gestalt des Himmels wird hier unbestimmt gelassen, da derselbe in Wirklichkeit unendlich ist.

[2]) Der Bau der Brücke wird im zehnten Gesange (Vers 282 bis 305) höchst phantastisch, wie es dieser Gegenstand nicht anders erwarten läfst, erzählt.

Mammons aus dem Schofse eines Berges Gold herauswühlen, wie sie nicht weit von diesem Berge das Metall schmelzen und die im Boden hergestellten Formen mit der flüssigen, von den Schlacken gesonderten Masse erfüllen, so dafs kurz nachher aus dem Boden das Pandämonium, ein prachtvolles, riesenhaftes Gebäude, welches von vielen brennenden Lampen und Fackeln beleuchtet wird, wie Dunst emporsteigt:

Soon had his crew etc.
(Ibid., I. 688—690, 700—730.)

Ohne uns allzusehr in Einzelheiten zu verlieren,[1]) glauben wir, namentlich durch die zuletzt angeführten Stellen, zur Genüge gezeigt zu haben, wie Miltons versinnlichende Neigung auch bei der Darstellung des unterirdischen Schauplatzes zuweilen zum Ausdrucke gekommen ist. Indes sind dies eben nur einzelne Fälle, die dem Gesamteindrucke, welcher uns die Schilderung dieses Schauplatzes als gelungen erscheinen läfst, kaum Abbruch thun. Durch mehr oder weniger anschauliche Scenen weifs der Dichter die Schrecken der Hölle, das Entsetzliche des Chaos zu malen. Wenige Verse reichen oft schon hin, um ein sehr eindrucksvolles Bild zu schaffen; ja gerade infolge solcher mehr nur andeutender als ausführlicher Beschreibungen ist es ihm gelungen, den Eindruck des Furchtbaren und Grausigen zu vergröfsern, weil die Phantasie dadurch mehr Spielraum erhält. —

So ist denn der Schauplatz des „Verlorenen Paradieses" ein Weltgemälde im umfassendsten Sinne des Wortes. Getragen von dem majestätischen Fluge der Begeisterung, schwingt sich der dichterische Genius von der Erde durch das Weltall empor zu den leuchtenden Himmelsräumen und nicht minder kühn eilt er hinab in die dunklen Höllentiefen. Nur unter grofser Anstrengung vermag das geistige Auge des Beschauers überallhin zu folgen, aber es ermüdet nicht, es langweilt sich nicht; denn in reizvollem Wechsel

---

[1]) Insbesondere scheinen uns einige Gleichnisse nicht glücklich gewählt zu sein, da die Erhabenheit der geschilderten Gegenstände durch dieselben beeinträchtigt wird.

weifs der Dichter die Lieblichkeit und Schönheit der Erde, sowie die Pracht und Herrlichkeit des Himmels der Wildheit und Grofsartigkeit des unterweltlichen Bezirkes gegenüber zu stellen. Begrenztes und Unermefsliches, Irdisches und Übersinnliches, Anmutiges und Furchtbares, Erhebendes und Schreckendes, blendendes Sonnenhell und unheimlich schaurige Düsterheit, heitere, farbenreiche Lichtbilder und trübe, bleiche Schattengemälde wirken in fesselndem Gegensatze auf den Betrachter. Welch eine phantasievolle Naturanschauung findet sich hier! Auf dem weiten, grenzenlosen Oceane der Einbildungskraft treibt der Dichter umher, ohne vor den Schranken des Unermefslichen und Ewigen zurückzuschrecken. Gerade durch diese Befreiung von Raum und Zeit ist es ihm gelungen, den Schilderungen zum grofsen Teile Glaubhaftigkeit und den Schein der Wirklichkeit zu geben. Andernteils aber mufs auch zugestanden werden, dafs diese seine riesenhafte Phantasie einzelne Gegenstände erfunden und dargestellt hat, die dem kalten, berechnenden Verstande entweder gleich von vornherein als fabelhaft, wenn nicht als undenkbar sich erweisen oder, obgleich möglich, doch infolge ihrer allzugrofsen Ähnlichkeit mit irdischen Dingen nicht glaubwürdig erscheinen. Diese Mängel hängen damit zusammen, dafs auch dem Dichter das über aller menschlichen Erkenntnis liegende Gebiet ein Buch mit sieben Siegeln ist; auch er kann nur das Menschliche fassen und darstellen. Milton hat dies schon in seiner Jugend erfahren, wo bei ihm bereits die Neigung, das Überirdische zu schildern, hervortrat. Am Schlusse jenes lateinischen Gedichtes, welches den verstorbenen Bischof von Ely, Nicholas Felton, feiert, ruft der Dichter, nachdem sich seine Muse bis zum Himmelsthore emporgeschwungen hat, aus:

"Sed hic tacebo, nam quis effari queat" etc.
(In Obit. Praes. El., 65—67.)

Diesem Gedanken verleiht der Dichter später in seinem grofsen Epos wiederholt Ausdruck. Dem Erzengel Raphael legt er die Worte in den Mund:

— — "though to recount almighty works" etc.
(Par. Lost, VII. 112—114.)

Am Abende des siebenten Schöpfungstages singen die himmlischen Heerscharen:

" 'Great are thy works, Jehovah! infinite' " etc.
(Ibid., VII. 602—604.)

Adam spricht zum Erzengel Michael, der ihm die grofse Weltbühne der künftigen Schicksale des Menschengeschlechts durch Visionen und Erzählungen vor Augen geführt hat:

"How soon hath thy prediction, Seer blest," etc.
(Ibid., XII. 553—556.)

Am Anfange des siebenten Buches erklärt der Dichter selbst, dafs er sicherer von irdischen Dingen singe als von einer jenseitigen, überirdischen Welt:

Half yet remains unsung, but narrower bound etc.
(Ibid., VII. 21—24.)

Aber dennoch habe er, ein armer Erdengast, von der himmlischen Muse emporgetragen, gewagt, in den Himmel einzutreten, um dessen ätherische Luft, wenn auch als Sterblicher nur verdünnt zu atmen:

Up led by thee, etc.
(Ibid., VII. 12—15.)

Hiermit hat der Sänger angedeutet, dafs ihm sein „Heimatelement" [1]) unentbehrlich ist; er vermag die unsichtbare, überirdische Welt nur vermittelst seiner Anschauungen aus der sichtbaren zu schildern. Daher leitet auch Raphael seine Erzählung des Himmelskampfes Adam gegenüber mit der Bemerkung ein, dafs er für das, was dem menschlichen Verstande zu hoch sei, irdische Bilder zu Hilfe nehmen wolle,[2]) wie er denn auch am Ende seiner Darstellung es nochmals klar und deutlich ausspricht:

"Thus, measuring things in Heaven by things on Earth," etc.
(Ibid., VI. 893—896.)

---

[1]) Par. Lost, VII. 16.
[2]) Vgl. S. 41.

Die Worte aber, welche ebenderselbe Engel zu Adam spricht, als er sich anschickt, diesem den Zweikampf Satans und Michaels zu beschreiben:

— — "for who, though with the tongue" etc.
(Ibid., VI. 297—301.)

beweisen, wie Milton in seiner Bescheidenheit die Versinnlichung des überirdischen Bereiches durch irdische Bilder nur als einen Notbehelf von höchst zweifelhaftem Erfolge betrachtete. —

Endlich gehört hierher auch noch eine Landschaftsschilderung aus dem „Wiedergewonnenen Paradiese", deren plastisches Gepräge bei aller Kürze nicht zu verkennen ist.

Als der Heiland, vom Hunger gequält, nach vierzigtägiger Wanderung in der Wüste unter dichtverzweigten Bäumen die Nacht schlafend und träumend verbracht hat, erhebt er sich, geweckt durch die Lerche, welche mit ihrem Gesange den neuen Tag begrüfst, am Morgen von seinem Rasenlager. Sehnsuchtsvoll lenkt er seine Schritte nach einem kleinen Berge, von welchem aus er irgend eine Hütte oder sonst eine Menschenspur zu erblicken hofft; aber vergeblich späht sein Auge von dort aus nach einer gastlichen Stätte. Im Thale, das zu seinen Füfsen liegt, winkt ihm nur ein lieblicher Hain, der vom melodischen Gesange munterer Vögel wiederhallt. Dorthin entschliefst er sich zu gehen, und bald durchwandelt er die hochgewölbten, schattigen Gänge und düsteren Pfade inmitten einer Waldesscene, die wohl ein abergläubisches Auge, wie sich der Dichter ausdrückt, mit Waldgöttern und Waldgöttinnen beseelt:

Thus wore out night; and now the herald lark
(Par. Reg., II. 279—297.)

Nachdem wir gesehen haben, wie der Dichter die verschiedenen Örtlichkeiten gezeichnet hat, gehen wir zu den Schilderungen über, welche sich auf die Zeit beziehen.

Wenig ansprechend ist die von Klängen der Mythologie und Hirtendichtung nicht freie Abendschilderung im „Comus":

The star that bids the shepherd fold etc.
(Comus, 93—101.)

Von um so gröfserer Lieblichkeit in ihrer wirkungsvollen Kürze und anmutsvollen Leichtigkeit der Darstellung, in ihrer intensiven Innigkeit und sinnigen Beseelung ist die Anrede an die Sterne und insbesondere an den Mond, in welcher der ältere Bruder sehnlichst wünscht, dafs jene nächtlichen Leuchten in dieser „Doppelnacht des Dunkels und der Schatten" das Gewölk durchbrechen mögen oder, wenn dies nicht geschehe, ihnen wenigstens eine Kerze, ein Binsenlicht aus einer Hütte sichtbar werde:

Unmuffle, ye faint stars; and thou, fair moon, etc.
(Ibid., 331—342.)

Nicht minder sehnsuchtsvoll ruft der andere Bruder in arkadischem Hirtentone aus:

Or, if our eyes etc.
(Ibid., 342—349.)

Auch mag eine Stelle aus dem „Comus" hier Platz finden, in welcher der Dichter die Nacht personifiziert hat, um sie in innigere Beziehung zum Menschenleben treten zu lassen. In einem schönen, allerdings kühnen Bilde erklärt die um ihre Brüder besorgte Schwester, dafs die diebische Nacht eine böse Absicht habe; denn sonst würde sie die Sterne, welche die Natur als leuchtende Lampen an den Himmel hing und mit ewigem Öle füllte, damit sie den verirrten Wanderer auf seinem Wege leiten, nicht in ihre Blendlaterne eingeschlossen haben:

Else, O thievish Night, etc.
(Ibid., 195—200.)

Mit wenigen Worten entwirft Milton im „Lycidas" ein anschauliches und wirkungsvolles Bild von der untergehenden Sonne, deren allmähliches Herabsinken die Sehnsucht nach der unendlichen Ferne weckt:

And now the sun had stretched out all the hills, etc.
(Lyc., 190 f.)

Ein schönes Morgenbild entrollt der Dichter im Eingange des fünften Gesanges im „Verlorenen Paradiese".

Als der „rosige" Morgen im Osten erscheint, erwacht Adam von seinem leichten Schlafe, geweckt von der Kühle der fächelnden Morgenluft und der ausdünstenden Bäche, sowie von dem hellen Frühgesange der Vögel in den Zweigen:

> Now Morn, her rosy steps in the eastern clime etc.
> (Par. Lost, V. 1—8.)

Welch schöner Vergleich! Sanfte Lüfte bringen, indem sie das Laub in Bewegung setzen, eine Wirkung auf das schlafende Menschenpaar hervor, die der durch einen Fächer erzeugten Kühlung ähnlich ist. Trefflich wirkt aufserdem die menschliche Verkörperung des Morgens, der im Osten rosig emporsteigt und Tautropfen auf die Fluren säet.[1]) Wir haben hier in der That eine liebliche Morgenschilderung vor uns, deren einzelne, vom Dichter nur flüchtig angedeutete Züge — die schimmernde Morgenröte, die tauberperlte Erde, das Säuseln des Windes, die murmelnden Bäche, aus denen Dünste emporsteigen, der schmetternde Gesang der Vögel — die erregte Phantasie selbst sich weiter ausmalt.

Als Adam nun die Augen aufgeschlagen hat und Eva mit glühenden Wangen und wirren Locken noch unruhig schlummern sieht, weckt er sie sanften Tones mit den folgenden, an ergötzlichen Naturgegenständen reichen Worten:

> "Awake," etc.
> (Ibid., V. 17—25.)

Das machtvolle Andringen des Lichts, die Pracht des Sonnenaufgangs wird von den Stammeltern des Menschengeschlechtes tief empfunden. Nachdem dieselben aus ihrer Laube heraus ins Freie getreten sind und die eben aufgegangene Sonne erblickt haben, welche ihre Strahlen wagerecht zur Erde sendet und in weiter Fernsicht das östliche Gebiet des Paradieses, die wonnevollen Fluren Edens hold entschleiert, knien sie demütig nieder und sprechen ihr Gebet:

> But first, from under shady arborous roof etc.
> (Ibid., V. 137—145.)

---

[1]) Eine ähnliche Darstellung des Morgens s. Lyc., 187.

Im neunten Buche leuchtet abermals der Morgen — es ist der letzte, den Adam und Eva in glücklicher Unschuld verleben — über Edens lieblichem Sitze. Von der Erde, jenem grofsen Naturtempel, steigt der Wohlgeruch der taubenetzten Blüten gleichsam als Morgenweihrauch, als stilles Lob zum Schöpfer empor, und das Menschenpaar vereint sein Frühgebet mit dem Chore der übrigen Wesen:

> Now, when as sacred light began to dawn etc.
> (Ibid., IX. 192—199.)

Dem ersten Abende in der Handlung des „Verlorenen Paradieses" widmet der Dichter eine prachtvolle Schilderung, die ebenso naturfrisch ihrem Inhalte nach wie vollendet in der Form ist. Im Wechselspiele von Licht und Dunkel hat Milton ein Bild zauberischen Dämmerscheins hervorgebracht und eine idyllische, von dem Frieden des entschwundenen Tages durchdrungene Stimmung über diese wenigen schlichten Zeilen ausgebreitet, welche uns jeden einzelnen Reiz malerisch zur Anschauung bringen. Das in die Fluten des Meeres hinabgetauchte Tagesgestirn läfst als Scheidegrufs seine letzten Strahlen am dämmernden Himmel erglänzen. Bald leuchtet der Abendstern über dem Horizonte, der glänzendste unter den immer zahlreicher erscheinenden Sternen. Die Nacht hüllt die Erde in ihren düstern Mantel; alles hat sich zur Ruhe begeben und über das Ganze ist feierliche Stille ausgebreitet. Nur die Nachtigall singt durch das Dunkel ihre zärtlichen Variationen. Endlich ist auch der Mond hinter einer Wolke emporgestiegen und entschleiert als sichtbarer Herrscher des nächtlichen Himmels sein unvergleichliches Licht, um das Dunkel mit seinem Silberkleide zu bedecken:

> Now came still Evening on, and Twilight gray etc.
> (Ibid., IV. 598—609.)

Eine dem Inhalte nach ähnliche, aber noch kürzer gefafste Schilderung der Nacht findet sich in jener Stelle, wo Eva ihrem Gatten erzählt, wie eine Engelgestalt ihr im nächtlichen Traume erschienen sei und sie mit sanften

Worten aufgeweckt habe, um sie zum Genusse der verbotenen Frucht zu verleiten:

"It said," etc.
(Ibid., V. 37—44.)

Mit echtem Dichtersinne wird die in der Bibel erwähnte Tageskühle, als Gott nach dem Sündenfalle im Paradiese erscheint, um die Schuldigen zu richten, geschildert:

Now was the Sun in western cadence low etc.
(Ibid., X. 92—97.)

Ein mehr formelhaftes Gepräge tragen die folgenden Verse:

"And now on Earth the seventh" etc.
(Ibid., VII. 581—584.)

Der Duft frischer Natürlichkeit und ein Hauch innigen Naturgefühls weht durch die wenigen Zeilen, welche den Einbruch der Nacht in der Wüste darstellen, nachdem die erste Versuchung Christi durch Satan mifslungen ist:

— — — for now began etc.
(Par. Reg., I. 499—502.)

Im Anschlufs an diese Orts- und Zeitgemälde mögen gewissermafsen als die Verbindung beider miteinander hier noch einige andere Stellen angeführt werden. Wir können dieselben der historischen Naturschilderung zurechnen, in welcher die Natur durch das Licht der menschlichen, insbesondere der geschichtlichen Ereignisse, deren Zeuge sie gewesen ist, betrachtet wird.

Nachdem der Engel dem Adam vor dessen Vertreibung aus dem Paradiese die wichtigsten Länder und Städte der Erde gezeigt hat, läfst er in einer Vision aufeinanderfolgender Bilder die künftigen Geschicke der Menschheit, sowie deren Schauplatz an Adam vorüberziehen. Dieser Schilderung der Weltbühne hat Milton mehr oder minder dramatische, zum Teil tiefergreifende Gemälde aus der Natur und dem Menschenleben eingefügt.

Ein anschauliches Bild entwirft der Dichter von jenem unheilvollen Orte, wo Adams unmittelbare Nachkommen,

Kain, ein ungestümer Ackersmann, und Abel, ein sanftmütiger Schäfer, Gott Opfer bringen, welche die Veranlassung zum ersten Brudermorde werden:

>His eyes he opened, and beheld a field, etc.
>(Par. Lost, XI. 429—433.)

In einer anderen Vision wird Adam der Gegensatz zwischen der Natur und der Kultur zum schmerzlichen Bewußtsein gebracht. Auf einer weiten Ebene sieht er verschiedenfarbige Zelte — hier wohnen die Nachkommen Kains[1] —, aus welchen melodische Musiktöne erschallen und in deren Nähe Viehherden friedlich weiden. Auf einer anderen Seite müht sich ein Schmied ab, schwere Klumpen Metalles zu schmelzen, um daraus Werkzeuge und allerlei andere Gegenstände für das Leben herzustellen. — Nach diesem Bilde der werdenden Kultur erblickt er einen anderen Stamm von Menschen — es sind die Nachkommen Seths —, die von den Bergen, wo sie bis jetzt als gute, gottesfürchtige Menschen gewohnt haben, in die Thäler herabkommen. Noch nicht lange sind sie auf jenen Fluren gewandelt, als Scharen schöner, reich geschmückter Frauen unter Sang und Musik tanzend sich ihnen nähern und sie in ihren Liebesnetzen fangen und verführen. Sittliches Verderben greift in der Welt um sich, und so entartet und verrottet die unter den Siegen des menschlichen Geistes über die Natur frisch aufgeblühte, naturgemäße Kultur gar bald:

>He looked, and saw a spacious plain, whereon etc.
>(Ibid., XI. 556—592.)

Die Vision wechselt. Adam erblickt eine weite Gegend, auf der bebaute Felder zwischen menschenreichen Städten mit hochgetürmten Mauern liegen. Riesenhafte Männer mit trotzigem Gesichte laufen bewaffnet einher. Ein Teil derselben übt sich im Waffengebrauche; andere besteigen ihre schäumend wilden Rosse und scharen sich zur Schlacht. Dort kehren eben umherstreifende Banden von ihrem Raub-

---

[1] Vgl. Par. Lost, XI. 607—609.

zuge heim und treiben Rinder- oder Schafherden von der fetten Weide als Beute fort, während die Hirten kaum ihr Leben durch die Flucht retten. Bald jedoch naht Hilfe. Es kommt zu einem heftigen Kampfe, und wo noch kurz vorher das Vieh weidete, liegen jetzt die Fluren, mit Leichen, Blut und Waffen bedeckt, verwüstet da. Hier wird eine Stadt hart bestürmt und von dem Walle herab nicht minder tapfer verteidigt. In einer anderen Stadt wieder ruft man laut zur Ratsversammlung zusammen, wo es bald zum Zwiespalte kommt und Parteiwut entbrennt:

> He looked, and saw wide territory spread etc.
> (Ibid., XI. 638—664.)

Auf Scenen des Krieges folgen solche des Wohllebens und der Schwelgerei, des Luxus und der Gottlosigkeit und aller sonstigen Laster des Friedens. Der fromme, tugendhafte Noah rügt unwillig das wüste Treiben dieser verderbten Welt und sucht diese seine gottlosen Mitmenschen zu bekehren. Aber umsonst! Seine Mahnungen werden von ihnen verachtet, und Gott beschliefst die Vernichtung des verderbten Geschlechtes. Hier folgt nun die kurze, aber grofsartige Beschreibung der Sündflut. Mit Genialität hat unser Dichter dieses schreckliche Naturereignis in den vorbereitenden Merkmalen seines Eintrittes, in dem fortwährenden Wachsen und Steigen der Wasser bis zu der grofsen, alles verschlingenden Flut, der Einbildungskraft einzuprägen verstanden. Der Südwind erhebt sich und treibt alle Wolken zusammen, und von den Bergen steigen feuchte Dünste in Masse empor, so dafs bald der ganze Himmel verdunkelt ist. Mit Ungestüm strömt nun der Regen unaufhörlich nieder, bis die gesamte Oberfläche der Erde überflutet ist und alle ihre Pracht im Schwall der Wasser begraben liegt. In jenen Stätten der Freude, wo kurz vorher noch Üppigkeit und Glanz herrschte, hausen jetzt Meerungeheuer. See bedeckt See, der Ocean tritt aus seinen Ufern, und Meer strömt in Meer. Von dem ganzen Menschenstamme aber, der jüngst noch so zahlreich vertreten war, lebt bald nur noch ein kleiner Rest in der Arche, die, hoch emporgehoben von der Erde, langsam auf der weiten Wasserwüste dahintreibt:

> Meanwhile the South-wind rose, and, with black wings etc.
> (Ibid., XI. 738—753.)

Nicht minder wirkungsvoll sind die Erklärungen, welche der Engel dem Adam über die untergehende Welt giebt. Kaum ist Noah — so erzählt jener — mit Menschen und Tieren in die Arche geflüchtet, als sich alle Schleusen des Himmels öffnen und Tag wie Nacht Regen auf die Erde giefsen, während alle Quellen in der Tiefe aufbrechen und die Meere austreten lassen, bis die alles überschwemmenden Fluten über die höchsten Bergesgipfel gestiegen sind. Der Paradiesesberg selbst, seines grünen Schmuckes beraubt, wird durch die Gewalt der Wasser von seinem Platze fortgetrieben in das Meer,[1]) wo er als kahles Eiland sich festsetzt:

> "No sooner he, with them of man and beast" etc.
> (Ibid., XI. 822—835.)

Die letzte Vision zeigt Adam das Schwinden der Sündflut. Ein heftiger Nordwind zerteilt die Wolken. Die helle Sonne scheint heifs auf den weiten Wasserspiegel, so dafs die Flut bald in Ebbe sich verwandelt und trippelnd langsam in die Tiefe schleicht, während die Arche sich auf dem Gipfel eines Berges festsetzt. Schon ragen wie Klippen und Felsen die Spitzen der Berge hervor, von denen wilde Ströme mit Getöse in das immer tiefer sinkende Meer niederstürzen. Als endlich trockenes Land erscheint, verläfst Noah mit den Seinigen und den übrigen lebenden Geschöpfen die Arche und blickt dankerfüllt zum Himmel empor, an dem der Bogen des Friedens in bunten Farben prangt:

> He looked, and saw the ark hull on the flood, etc.
> (Ibid., XI. 840—854, 861—869.)

Es bleibt uns in diesem Abschnitte noch die Betrachtung

---

[1]) D. i. in den Persischen Golf.

der in Form von Gleichnissen[1]) den verschiedenen Dichtungen eingestreuten Naturbilder übrig; denn auch diese treten uns nur als Beiwerk entgegen. Indem wir im folgenden die Gleichnisse möglichst vollzählig aufführen, wollen wir zugleich zeigen, wie die Phantasie des Dichters in den verschiedensten Gebieten der lebenden und leblosen Natur Analogien zu den von ihm geschilderten Gegenständen und Handlungen gefunden hat.

Zahlreich sind die dem Tierreiche entnommenen Bilder. Der Teufel stellt Städten und Völkern nach, gleichwie der kaspische Tiger der furchtsamen Beute, die er sich ausersehen hat, bei flimmerndem Sternenlichte folgt:

> Ceu Caspia tigris etc.
> (In Quint. Nov., 20—24.)

Satan springt über alle Schranken des Paradieses mit der Leichtigkeit, mit welcher ein auf Beute ausgehender, hungriger Wolf abends trotz der Schutzgehege in den Schafstall dringt:

> Which when the Arch-Felon saw, etc.
> (Par. Lost, IV. 179—187, 192.)

Als Satan sich in dieses und jenes Tier verwandelt, um Adam und Eva besser belauschen zu können, nimmt er auch die Gestalt eines Tigers an und ändert oftmals seinen Ort wie jenes Tier, wenn es am Waldrande dicht neben zwei miteinander spielenden Rehen sich hinstreckt, dann oft sich erhebt, seinen Lagerplatz wechselt und nach einem bequemen Punkte späht, von welchem es aufspringend jene beiden am sichersten mit seinen Tatzen packen kann:

> About them round etc.
> (Ibid., IV. 401—408.)

Schön ist jene Stelle, in welcher der von Zephon gescholtene Satan mit einem übermütigen Rosse verglichen wird:

> The Fiend replied not, overcome with rage; etc.
> (Ibid., IV. 857—859.)

---

[1]) Wir nehmen das Wort „Gleichnis" in weiterem Sinne und verstehen darunter nicht nur das ausgeführtere (das eigentliche Gleichnis), sondern auch das kürzere (die Vergleichung).

Nicht gerade sehr sinnreich wird eine furchtsame Ziegen- oder Lämmerherde zum Vergleiche mit den durch Gottes Sohn vom Donner schwer bedrängten, höllischen Kämpfern herangezogen:

"The overthrown he raised, and, as a herd" etc.
(Ibid., VI. 856—858.)

Der Versucher erklärt Christo in der Wüste, dafs man in dieser öden Gegend von zähen Wurzeln und Stengeln lebe und an Durst mehr gewöhnt sei als das Kamel:

— — — "for we here" etc.
(Par. Reg., I. 338-340.)

Simson zerreifst einen Löwen, wie dieser eine Ziege:

Who tore the lion as the lion tears the kid.
(Sams. Agon., 128.)

An einer anderen Stelle wird Simson, dem sein verräterisches Weib das kostbare Haar heruntergeschoren hat, mit einem zahmen Widder verglichen:

— — — who shore me, etc.
(Ibid., 537 f.)

Ebenderselbe verspricht, zu dem Feste der versammelten Philister zu kommen, weil er weifs, dafs ihn sonst seine Feinde wie ein wildes Tier durch die Strafsen ziehen werden:

Yet, knowing their advantages too many, etc.
(Ibid., 1401—1403.)

Mit der Innigkeit und Wärme eines Mannes, der fähig ist, die Freuden wahrer Freundschaft zu fühlen, und würdig, sie zu geniefsen, schildert Milton in dem seinem Jugendfreunde Karl Diodati gewidmeten Trauergedichte die Seltenheit dieses unschätzbaren Glückes und den Kummer, der uns durch einen solchen Verlust bereitet wird, indem er hierbei den Menschen anderen lebenden Wesen — der Sperling tritt besonders hervor — gegenüber stellt, die sich paaren, in Herden kameradschaftlich und lustig umherspringen, und von denen jedes so leicht und bald Ersatz findet für den ihm durch den Tod entrissenen Genossen:

"Hei mihi! quam similes ludunt per prata juvenci," etc.
(Epit. Damon., 94—111)

Poetisch und anschaulich, treffend und bis ins einzelne ausgeführt ist der Vergleich, in welchem dargestellt wird, wie Satan, ähnlich einem nach Beute fliegenden Geier, auf seinen beabsichtigten Raub, den Menschen, welchen er verderben will, ausgeht:

> As when a vulture, on Imaus bred, etc.
> (Par. Lost, III. 431—441.)

Nachdem Satan im irdischen Paradiese angelangt ist, schwingt er sich zum Lebensbaume empor, auf welchem er wie ein Rabe sitzt:

> Thence up he flew, and on the Tree of Life, etc.
> (Ibid., IV. 194—196.)

Den Vormarsch der himmlischen Kämpfer gegen Satans Heer veranschaulicht der Dichter durch den Flug der Vögel, welche nach Eden zogen, um dort von Adam ihre Namen zu empfangen:

> — — — "for high above the ground" etc.
> (Ibid., VI. 71—78.)

Eine zwischen dem Tode und Raubvögeln gezogene Parallele bieten die folgenden Verse:

> As when a flock etc.
> (Ibid., X. 273—281.)

Der blinde Simson kommt zu den versammelten Philistern wie ein Drache am Abende unter das auf dem Schlafsitze ruhende Geflügel eines Landgutes, und er bereitet ihnen allen schnell wie ein Adler ein jähes Ende:

> — — — — —
> And as an evening dragon came,
> (Sams. Agon., 1692—1696.)

Von dem Zeitalter des gelehrten Sir John Cheek sagt der Dichter, dafs dasselbe nicht wie sein eigenes die Wissenschaft mehr hafste als eine Kröte oder Natter:

> Thy age, like ours, O soul of Sir John Cheek, etc.
> (On the Detraction, 12—14.)

Kraftvoll ist das Gleichnis, in welchem geschildert wird, wie Satan in dem höllischen Flammensee riesenhaft hingestreckt liegt gleich Leviathan,[1]) jenem grofsen Seetiere, das, auf Skandinaviens Meere schlummernd, der Schiffer wohl oft für ein Eiland hält:

 —   —   —   —   that sea-beast etc.
(Par. Lost, I. 200—210.)

Zartes und inniges Naturgefühl für den so plötzlich aus dem Leben geschiedenen Jugendfreund Edward King atmet der folgende Vergleich:

As killing as the canker to the rose, etc.
(Lyc., 45—49.)

Für die Zahllosigkeit der höllischen Engel, die in der Flammenglut schweben, findet Milton eine Ähnlichkeit in jenen Heuschreckenschwärmen, die einst den Ägyptern von Gott als Plage geschickt wurden:

As when the potent rod etc.
(Par. Lost, I. 338—346.)

Ein andermal dienen ihm zur Versinnlichung des Gedränges der aufrührerischen Scharen, die sich auf Satans Befehl im Pandämonium versammeln sollen, die Bienen, welche im Lenz aus ihren Stöcken schwärmen und auf den mit Tau benetzten Blumen hin- und herfliegen oder auch auf dem glatten Hofe ihrer Strohburg über Staatsgeschäfte beraten:

As bees etc.
(Ibid., I. 768—776.)

Wie ferner ein Fliegenschwarm zur Erntezeit immer und immer wieder um die Kelter, welcher süfser Most entströmt, summend fliegt, so oft er auch verscheucht worden ist, oder wie die Wogen gegen einen harten Felsen stets den Angriff erneuern, wenn sie auch zerstäuben und in Schaum sich auflösen, so versucht Satan, obwohl stets zurückgewiesen, Jesum von neuem:[2])

---

[1]) D. i. der Wallfisch.
[2]) Der Dichter läfst hier drei Vergleiche unmittelbar aufeinanderfolgen; wir haben den ersten derselben (Vers 10 ff.) ausgelassen, da er, ganz abgesehen davon, dafs er nicht dem Gebiete der Natur angehört, gar keine Veranschaulichung der Handlungsweise Satans enthüllt, sondern ebendasselbe ausdrückt, was jener thut.

Or as a swarm of flies in vintage-time, etc.
(Par. Reg., IV. 15—24.)

Simsons Geist wird von quälenden Gedanken wie von einem Schwarme toddrohender Hornissen beunruhigt:

— restless thoughts, that, like a deadly swarm etc.
(Sams. Agon., 19—22.)

In derselben Dichtung läfst Milton den Chor gewisse Menschenklassen mit Frühlingsfliegen vergleichen:

Nor do I name of men the common rout, etc.
(Ibid., 674—677.)

Auch die Pflanzenwelt bietet ihm in ihrem Entstehen, Wachsen und Vergehen Stoff zu mancherlei Bildern.

Die Schönheit welkt dahin wie eine vergessene Rose mit mattem Haupte am Stocke:

If you let slip time, like a neglected rose etc.
(Comus, 743 f.)

Im Vergleiche zu Satans Speer ist die mächtigste, norwegische Tanne, welche zum Mastbaume eines grofsen Schiffes bestimmt ist, nur ein Zauberstab:

His spear — to equal which the tallest pine etc.
(Par. Lost, 1. 292—294.)

Die gestürzten Engel liegen besinnungslos und dicht in den Feuerfluten wie Herbstlaub, das Valombrosas Bäche bedeckt, oder auch wie schimmerndes Schilfgras in dem vom Sturme erregten Roten Meere:[1]

His legions — Angel Forms, who lay entranced etc.
(Ibid , I. 301—313.)

Dieser Vergleich wird an Schönheit und Trefflichkeit noch durch den folgenden übertroffen, in welchem die um Satan versammelten Kämpfer durch Eichen oder Bergfichten veranschaulicht werden, die, vom Blitze getroffen, in ihrem

---

[1] Man beachte im zweiten Vergleiche die grofse Abschweifung des Dichters, durch die er aber gleichsam noch ein drittes Bild, die schwimmenden Leichen, hinzufügt.

stolzen Wuchse mit versengtem Wipfel und laubentblöfst auf öder Heide emporragen:

— — — as, when Heaven's fire etc.
(Ibid., 1. 612—615.)

Evas goldenes Haar hängt aufgelöst gleich einem Schleier bis zur schlanken Hüfte herab und krümmt und kräuselt sich wie die Ranken des Weinstocks:

She, as a veil down to the slender waist, etc.
(Ibid., IV. 304—307.)

Die erhobenen Speere der Engel, welche das Paradies bewachen, sind so dicht, dafs sie einem reifen Kornfelde gleichen, dessen neigende Ähren, vom Winde getrieben, hin- und herwogen:

— — — — — — —
With ported spears, as thick as when a field etc.
(Ibid., IV. 980—983.)

Am sechsten Schöpfungstage läfst Gott aus der Erde Schafherden gleich Pflanzen aufschiefsen:

"Fleeced the flocks and bleating rose," etc.
(Ibid., VII. 472 f.)

Als Satan darauf anspielt, dafs Jesus die Weltherrschaft erstreben solle, versinnbildet der letztere Davids Thron, auf dem er sitzen wird, wenn seine Zeit gekommen ist, durch einen Baum, der über die ganze Erde sich ausbreitet und sie beschattet, sowie durch einen Felsen, der mit jähem Sturze alle Reiche dieser Welt zertrümmert:

"Know, therefore, when my season comes to sit" etc.
(Par. Reg., IV. 146—150.)

Delila, welche sich Simson weinend naht, senkt ihr Haupt wie eine schöne Blume, die mit Tau überladen ist:

But now, with head declined, etc.
(Sams. Agon., 727 f.)

Neben diesen Gleichnissen aus dem animalischen und vegetabilischen Leben verwendet der Dichter auch die unorganische Natur zu Analogien.

Die Zahllosigkeit trügerischer Freuden findet Ähnlichkeit in den Sonnenstäubchen:

> As thick and numberless etc.
> (Il Pens., 7 f.)

Im Chaos scharen sich embryonische Atome um Hitze, Kälte, Nässe und Dürre unzählig wie der durch Stürme aufgewühlte Sand von Barkas heifsem Boden:

> They around the flag etc.
> (Par. Lost, II. 900—906.)

Der Fufsboden der Paradieseslaube erglänzt infolge der dort wachsenden Blumen in schöneren Farben als die kostbarsten Steine:

> Under foot the violet, etc.
> (Ibid., IV. 700—703.)

Belial erklärt, dafs eine schöne Frau die Fähigkeit habe, die entschlossenste, männliche Brust nach ihrer Laune zu lenken, gleichwie der Magnet das schwerste Eisen anziehe:

> "Such object hath the power to" — — etc.
> (Par. Reg., II. 163, 166—168.)

Unmittelbar vor der letzten Versuchung gesteht Satan Jesu zu, dafs er ihn bis jetzt in jeglicher Versuchung fest wie einen Diamantfelsen gefunden habe:

> "And opportunity I here have had" etc.
> (Ibid., IV. 531—534.)

Simson ist nach Delilas Urteil stark und unbeugsam wie Stahl:

> Be not unlike all others, not austere etc.
> (Sams. Agon., 815 f.)

Dennoch fordert der Beamte, dafs Simson dem Befehle der Philister Folge leisten müsse, selbst wenn er fester als ein Fels an seinem Orte verharre:

> Come without delay; etc.
> (Ibid., 1395—1398.)

Insbesondere dem Bereiche der landschaftlichen Natur hat Milton den Stoff zu folgenden Gleichnissen entnommen. Als Satan zum ersten Male die schöne Welt in der Ferne schaut, überkommt ihn ein Staunen, wie wohl ein Kundschafter von Bewunderung ergriffen werden mag, wenn er die ganze Nacht hindurch auf gefährlichen, wüsten Wegen geschlichen ist und bei Anbruch des holden Morgenlichtes endlich den Gipfel eines Berges erreicht hat, von welchem aus sich ihm unvermutet eine reizende Aussicht in fremdes Land oder auch auf eine berühmte Stadt, die mit ihren glitzernden Türmen und Zinnen im Strahle der Morgensonne golden erglänzt, darbietet:

As when a scout. etc.
(Par. Lost. III. 543—554.)

Ebenderselbe steht, indem er sich zum Kampfe gegen die Engel, welche das Paradies bewachen, anschickt, so hochgestreckt und unbeweglich da wie der Pik von Teneriffa oder wie der Atlas:

On the other side, Satan, alarmed, etc.
(Ibid., IV. 985—987.)

Von Satans Königssitze heifst es, dafs derselbe hoch gelegen sei wie ein Berg, gewälzt auf einen Berg:

— — — "his royal seat" etc.
(Ibid., V. 756—758.)

Infolge der teuflischen Geschosse stürzen die himmlischen Kämpfer zu Tausenden nieder, obgleich dieselben so fest wie Felsen zu stehen gewohnt sind:

"Though standing else as rocks, but down they fell" etc.
(Ibid., VI. 593 f.)

Der Himmel mit seinen unzähligen Sternen findet in einem dicht besäeten Felde sein Bild:

"And sowed with stars the heaven thick as a field."
(Ibid., VII. 358.)

Der Walfisch ähnelt, wenn er schwimmt, einem sich bewegenden Lande, und man hält ihn wohl für ein Vorgebirge, wenn er schläft:

"There leviathan," etc.
(Ibid., VII. 412—415.)

Eine höchst reizvolle, vom Dufte frischer Natürlichkeit durchwehte Zusammenstellung landschaftlicher Züge, wie sie der Dichter wohl in der Jugend oft selbst wahrgenommen haben mag, bietet das folgende Gleichnis, in welchem Satan, als er Eva im Paradiese zum ersten Male erblickt, durch einen Städter veranschaulicht wird, der an einem Sommermorgen hinaus auf das Land geeilt ist, wo alles ihn entzückt:

> Much he the place admired, the person more. etc.
> (Ibid., IX. 444—457.)

Bisweilen wird auch die ganze Erde zur Beleuchtung herangezogen.

Auf ihrem Zuge gegen Satan kommen die guten Engel durch manches Himmelsgebiet, das wohl zehnmal so grofs ist wie die Oberfläche der Erde:

> "So over many a tract" etc.
> (Ibid., VI. 76—78.)

Als Adam nach dem Sündenfalle sich selbst sein Elend in stiller Nacht klagt, hält er dasselbe für viel drückender, als wenn die Erde, ja die ganze Welt auf ihm laste:

> "Fond wish! couldst thou support" etc.
> (Ibid., X. 834—837.)

Zahlreich sind die dem so fruchtbaren Kapitel der Vorgänge und Erscheinungen in der Natur entlehnten Gleichnisse vertreten.

Im „Comus" wird der Schutzgeist mit einem Meteore in Parallele gestellt. Die Ähnlichkeit besteht darin, dafs jener, wenn ein von Gott geliebter Mensch durch den gefahrvollen Wald wandelt, schnell wie eine Sternschnuppe vom Himmel niederschiefst, um denselben sicher zu geleiten:

> Therefore, when any favoured of high Jove etc.
> (Comus, 78—82.)

Dieselbe Naturerscheinung findet ferner Anwendung auf das Banner des Höllenfürsten:

> — — which, full high advanced, etc.
> (Par. Lost, I. 536 f.)

Ebenso heifst es von Mulciber:

> — — and with the setting sun etc.
> (Ibid., I. 744—746.)

Der dröhnende Beifall, den die gefallenen Engel der Rede Mammons in der von Satan berufenen Versammlung zollen, ähnelt dem Sausen des Sturmwindes, der, nachdem das Unwetter während der ganzen Nacht die See durchwühlt hat, in hohlen Felsen sich fängt und dumpfen Tones die übermüden, schläfrigen Matrosen einlullt:

> He scarce had finished, when such murmur filled etc.
> (Ibid., II. 284—290.)

Als sodann diese Versammelten sich erheben, rauscht es überall wie ferner Donner:

> Their rising all at once was as the sound etc.
> (Ibid., II. 476 f.)

Jenes malerische Bild, in welchem der Flug Satans mit dem fernen Erscheinen einer Flotte, die an den Wolken zu hangen scheint, verglichen wird, ist zugleich ein recht deutlicher Beweis dafür, dafs Milton in manchen Gleichnissen sich nicht auf den Vergleichungspunkt beschränkt, sondern nach der Art Homers auch Nebenvorstellungen einflicht, die, obwohl sie sich dem eigentlichen Grundgedanken leicht anschliefsen, doch in keiner Beziehung zum Gegenbilde stehen:

> As when far off at sea a fleet descried etc.
> (Ibid., II. 636—643.)

Der finstere Blick des Todes und Satans, die sich drohend gegenüber stehen, findet durch zwei aufeinandertreffende, schwarze Gewitterwolken Veranschaulichung:

> Such a frown etc.
> (Ibid., II. 713—718.)

Satans Ohr vernimmt im Chaos furchtbares Getöse, als ob die Kriegsgöttin Bellona mit ihren zerschmetternden Geschützen eine Stadt von Grund aus zerstöre, oder als ob das ganze Firmament einstürze und die empörten „Elemente" die Erde von ihrer Achse losreifsen möchten:

> Nor was his ear less pealed etc.
> (Ibid., II. 920—927.)

Der Duft, welcher dem Satan an der Paradiesesgrenze entgegenweht, gleicht dem Wohlgeruche der gewürzreichen Küste Arabiens, den auf der hohen See Nordostwinde den Schiffern bringen:

> As, when to them who sail etc.
> (Ibid., IV. 159—167.)

Als Uriel von der Sonne zum Paradiese niedersteigt, gleitet er auf einem Sonnenstrahle durch die Abenddämmerung schnell dahin wie eine Sternschnuppe:[1]

> Thither came Uriel, gliding through the even etc.
> (Ibid., IV. 555—560.)

Als entsprechendes Gegenbild zu den Lebensgeistern werden die Flufsdünste angeführt:

> The animal spirits, that from pure blood arise etc.
> (Ibid., IV. 805 f.)

Zu einer mythologischen Personifikation greift der Dichter in der Vergleichung des Flüsterns Adams zu Eva mit einem sanften Westwinde, der die Blumen anfächelt:

> — —. — then, with voice etc.
> (Ibid., V. 15—17.)

Ein Bild für Evas Gesicht erblickt derselbe in dem Morgenrot:

> — — — "those looks," etc.
> (Ibid., V. 122—124.)

Das Brausen tiefer Wasser dient als Bild für den Beifall, welchen die vom Himmel gestürzten Geister der Antwort Satans zollen:

> "He said; and, as the sound of waters deep," etc.
> (Ibid., V. 872—874.)

An die Schilderung der Sündflut werden wir erinnert,

---

[1] Man beachte, wie hier der Inhalt mehrerer Verse rhythmisch und onomatopoetisch zum Ausdrucke gekommen ist.

indem der im Kampfe gegen den Seraph Abdiel taumelnd zurückweichende Satan mit einem Berge verglichen wird, der durch unterirdische Gewässer oder Winde von seiner ursprünglichen Stelle stürzt und halb versinkt:

"Ten paces huge" etc.
(Ibid., VI. 193—198.)

Der Streitwagen Gottes rollt mit einem Getöse dahin, das dem der Bergströme oder eines mächtigen Heeres ähnlich ist:

— — — "and the orbs" etc.
(Ibid., VI. 828—830.)

Nachdem Gott befohlen hat, dafs Land und Wasser sich scheide, flutet das Wasser in jäher Hast dahin, gleichwie Tropfen sich im Staube zu Kugeln ballen:

"Thither they" etc.
(Ibid., VII. 290—292.)

Die Mondflecken erscheinen dem Auge als Wolken:

"Her spots thou seest" etc.
(Ibid., VIII. 145 f.)

Raphael erklärt dem Adam, dafs Geister leichter sich vereinigen und durchdringen als Luft mit Luft:

"Easier than air with air, if Spirits embrace," etc.
(Ibid., VIII. 626 f.)

Satan gleitet wie grauer Nebel durch das Dickicht:

So saying, through each thicket, dank or dry, etc.
(Ibid., IX. 179 f.)

Besonders hervorgehoben sei die Vortrefflichkeit jenes Gleichnisses, in welchem der Dichter schildert, wie die im Sonnenlichte schillernde Schlange, ähnlich einem für den Wanderer verhängnisvollen Irrlichte, schnell sich vorwärts windet, um Eva ins Verderben zu führen:

As when a wandering fire, etc.
(Ibid., IX. 634—645.)

Christus stürzte durch seinen Kreuzestod Satan wie einen Blitz vom Himmel:

So spake this oracle — then verified etc.
(Ibid., X. 182—184.)

Hieran schliefsen wir einen ganz ähnlichen Vergleich aus dem „Wiedergewonnenen Paradiese." Nachdem nämlich Christus allen Versuchungen widerstanden hat, singen die himmlischen Engel von Satan:

"Like an autumnal star," etc.
(Par. Reg., IV. 619—621.)

Das Sammeln der festen und schlammigen Bestandteile aus dem Chaos, sowie das Zusammendrängen und Zurücktreiben derselben durch Sünde und Tod wird bildlich durch zwei Sturmwinde beleuchtet, die in der Polargegend einander entgegenwehen und Eisberge zusammentreiben:

— — — what they met etc.
(Par. Lost., X. 285—293.)

Im Himmel erschallen die Hallelujahs der Engel so laut wie das Brausen des Meeres:

Ho ended, and the Heavenly audience loud etc.
(Ibid., X. 641—643.)

Ein weit verbreiteter Irrtum der Zeit unseres Dichters ist die in dem folgenden Vergleiche — es handelt sich um den ägyptischen König, der nach zehn erlittenen Plagen die Israeliten ziehen läfst — ausgesprochene Ansicht, dafs Eis nach kurzem Tauen immer mehr erhärte:

"Thus with ten wounds" etc.
(Ibid., XII. 190—194.)

Die vom Himmel niedersteigende Cherubschar schwebt gleich Abendnebel in der Luft:

The Cherubim descended, on the ground etc.
(Ibid., XII. 628—632.)

Der Versucher erheuchelt hoffen zu dürfen, dafs Christi Reich zwischen ihm und Gottes Zorn als Schirm und Schutz, gleich einer kühlenden Sommerwolke, stehen werde:

— — — "and hope thy rein," etc.
(Par. Reg., III. 216, 219—222.)

Der Gewitternacht, die der Versuchung Jesu auf der Zinne des Tempels von Jerusalem vorangeht, wird die

Zertrümmerung von Himmel und Erde an die Seite gestellt. Am nächsten Morgen begrüfst der Teufel Jesum mit den Worten:

"Fair morning yet betides thee, Son of God," etc.
(Ibid., IV. 451—453.)

Simson ist gegen Bitten tauber als Winde und Meere. Delila spricht zu ihm:

I see thou art implacable, more deaf etc.
(Sams. Agon., 960 f.)

Gott vollzieht an den Gottlosen seinen Willen mit Blitzesschnelle:

— — — while etc.
(Ibid., 1282—1285.)

Simson rüttelt an den beiden Hauptpfeilern, auf denen das verhängnisvolle Philistergebäude ruht, mit furchtbarer Kraftanwendung, wie wenn die Gewalt des Windes und Wassers Berge zittern macht:

As with the force of winds and waters pent etc.
(Ibid., 1647—1650.)

Auch die Tageszeiten finden mehrfach Verwendung. So der Morgen in dem folgenden Vergleiche:

What need a vermeil-tinctured lip for that, etc.
(Comus, 752 f.)

Beelzebubs Blick schafft unter den höllischen Geistern Ruhe, wie diese bei Nacht oder auch zur Mittagszeit in heifsen Ländern herrscht:

His look etc.
(Par. Lost, II. 307—309.)

Am Höllenthore steht der Tod schwarz wie die Nacht:

— — black it stood as Night.
(Ibid., II. 670.)

Der Anblick des Engels Raphael wirkt auf Adam erfrischend wie ein schöner Morgen. Adam spricht zu Eva:

"Haste hither, Eve, and, worth thy sight, behold" etc.
(Ibid., V. 308—311.)

Eva errötet sanft wie der Morgen, als sie von Adam nach der Hochzeitslaube geführt wird. Letzterer erklärt:

"To the nuptial bower" etc.
(Ibid., VIII. 510 f.)

Nach dem Sündenfalle wünscht Adam in einer dichten Wildnis, in einem von dem Sternen- und Sonnenlichte undurchdringlichen Walde, der ihm Düsterheit wie der Abend bietet, zu leben:

"Oh, might I here" etc.
(Ibid., IX. 1084—1088.)

Christus erhebt sich am dritten Tage nach seinem Tode aus dem Grabe frisch wie das Dämmerlicht des neuen Morgens:

"Ere the third dawning light" etc.
(Ibid., XII. 421—423.)

Den Gedanken, dafs die Kindheit bereits den zukünftigen Mann erkennen lasse, veranschaulicht der Dichter mit sprichwortartiger Prägnanz folgendermafsen:

"The childhood shows the man," etc.
(Par. Reg., IV. 220 f.)

In einer bedeutenden Anzahl von Stellen wird der Himmel mit seinen Gestirnen zu Gleichnissen herangezogen.

In der ersten Elegie vergleicht Milton die Jungfrauen Britanniens, denen er den höchsten Preis zuerteilt, mit mild scheinenden Sternen, und er ist entzückt über diese schönen Gestalten, deren Augen heller strahlen als Edelsteine und alle Gestirne, deren Nacken weifser erscheinen als die elfenbeinerne Schulter des Pelops und die Milchstrafse, deren edle Stirn und fliegendes Haar der täuschende Amor als goldene Netze ausspannt, und deren reizenden Wangen der hyacinthische Purpur, ja selbst die fabelhafte Adonisblüte weit nachsteht:

Saepius hic, blandas spirantia sidera flammas, etc.
(Ad Carol. Diodat., 51—62.)

Weiter unten in demselben Gedichte erklärt er, dafs nicht so viele Sterne am heiteren Himmel Londons glänzen, als diese turmgekrönte Stadt schöne Mädchen in ihren Mauern einschliefst:

> Tuque urbs Dardaniis, Londinum, structa colonis, etc.
> (Ibid., 73—80.)

Edward Kings frühzeitiger Tod hat dem Dichter Veranlassung zu folgendem Vergleiche gegeben:

> So sinks the day-star in the ocean bed, etc.
> (Lyc., 168-172.)

Grofsartig, obgleich weit ausgesponnen — Milton drängt die Erfindung des Fernrohres und vermittelst desselben gemachte, wundervolle Entdeckungen hinein — ist der Vergleich des mächtigen, runden Schildes, der auf Satans Schultern hängt, mit der Mondscheibe:

> The broad circumference etc.
> (Par. Lost., I. 286—291.)

In einem anderen herrlichen und sehr wirksamen Bilde, durch das bekanntlich das „Verlorene Paradies" in Gefahr kam, vom Censor unterdrückt zu werden, gleicht Satan der Sonne, die verdunkelt durch den Nebel am Horizonte schimmert oder die, durch den Mond verfinstert, ein unheimliches Zwielicht auf die Erde wirft und die Könige mit Furcht vor einem Schicksalswechsel erfüllt:

> As when the sun new-risen etc.
> (Ibid., I. 594—600.)

Der zauberische Reiz einer Abendlandschaft findet in einem Gleichnisse von aufserordentlicher Schönheit folgende naturfrische Schilderung:

> Thus they [1]) their doubtful consultations dark etc.
> (Ibid., II. 486—495.)

Als Satan an der Höllenpforte der furchtbaren Gestalt des Todes unerschrocken gegenüber steht, wird er einem feurigen, verderblichen Kometen gleichgestellt, der in der ganzen Länge des Sternbildes Ophiuchus flammt:

> On the other side, etc.
> (Ibid., II. 706—711.)

---

[1]) D. s. die gefallenen Engel.

Bis zum Staunen wird die Einbildungskraft erregt, wenn der Dichter, um eine Vorstellung von der ungeheueren Gröfse des Himmels und zugleich von der Wirkung des von demselben ausstrahlenden Lichtes zu geben, sagt, dafs dem Satan in der Ferne das neuerschaffene Universum mit seinen unzähligen Gestirnen im Vergleiche zum Himmel wie ein sehr kleiner Stern in der Nähe des Vollmondes erscheint:

— — — to behold etc.
(Ibid., II. 1046—1048, 1051.—1053.)

Den Allmächtigen umstehen alle Engel so dicht wie Sterne:

About him all the Sanctities of Heaven etc.
(Ibid., III. 60 f.)

Die Sonne ist an Glanz dem Himmel am ähnlichsten:

Above them all etc.
(Ibid., III. 571—573.)

Der Weiher, in welchem Eva ihr Ebenbild erblickt, ist klar wie der Himmel:

— — "a liquid plain; then stood unmoved," etc.
(Ibid., IV. 455 f.)

Auf seiner Reise vom Himmel nach dem irdischen Paradiese sieht der Engel Raphael von ferne die Erde als eine kleine, lichte Kugel, welche dem vermittelst eines Fernrohres in der Nacht beobachteten Monde ähnlich ist oder auch einer Insel, die der Steuermann als Punkt am Horizonte auftauchen sieht:

— — — He sees,
(Ibid., V. 258—266.)

Die Kämpfer, aus denen Satans Kriegsheer, das gegen die Himmlischen zu Felde zieht, besteht, sind unzählbar wie die Sterne am Himmel oder wie die Tautropfen, die am Morgen im Sonnenlichte auf Blättern und Blüten erglänzen:

— — — ·— "an host" etc.
(Ibid., V. 744—747.)

Indem die beiden riesigen Führer, Satan und Michael,

zum Zweikampfe gegeneinander anrücken, ist es — um Großes mit Kleinem zu vergleichen —, als ob Krieg unter den Gestirnen ausgebrochen sei und zwei aus ihrer Bahn geratene Weltkörper aufeinanderstürzen:

> — — "such as (to set forth" etc.
> (Ibid., VI. 310—315.)

Als Adam und Eva aus dem Paradiese ziehen, lodert das Flammenschwert Gottes vor ihnen wie ein Komet, und sengende Hitze, wie sie in Afrika herrscht, durchglüht die milde Luft:

> High in front advanced, etc.
> (Ibid., XII. 632—636.)

Die Frauen werden mit dem heiteren Himmel verglichen; die Ähnlichkeit beider besteht in der Schönheit:

> "Many are in each region passing fair" etc.
> (Par. Reg., II. 155 f.)

Für Simson ist die Sonne dunkel und unsichtbar wie für andere Menschen der Neumond:

> The Sun to me is dark etc.
> (Sams. Agon., 86—89.)

Endlich begegnen wir auch noch einigen Gleichnissen, deren Stoff dem Gebiete der Geographie entnommen ist.[1])

In einer Stelle, voll von wohlklingenden Eigennamen, werden die größten Heere aufgezählt, die es je gegeben hat, obwohl sie im Vergleich zu den zahllosen gefallenen Engeln immerhin nur sehr klein sind:

> For never, since created Man, etc.
> (Par. Lost, I. 573—587.)

Die Tiefe des Schnees und Eises in der Hölle gleicht der des zwischen Damiette und dem Berge Casius gelegenen Sumpfes Serbonis:

> All else deep snow and ice, etc.
> (Ibid., II. 591—594.)

Um die große Wonne und Pracht des Paradieses auszudrücken, nennt der Dichter einige der schönsten Plätze,

---
[1]) Vgl. S. 101.

über die Historiker geschrieben oder Dichter gesungen haben. Nicht das holde Gefilde von Enna in Sicilien, wo die jungfräuliche Proserpina, als sie sorglos mit ihren Gespielinnen Blumen pflückte, plötzlich von dem Gotte Pluto geraubt wurde, nicht jener liebliche Hain von Daphne am Orontes und der Kastalische Quell, welcher denselben bewässerte, nicht das vom Triton bespülte Eiland Nysa, wo der junge Bacchus aufwuchs, nicht der herrliche Berg Amara mit seinen Gärten und Palästen in Abyssinien, wo die Söhne der äthiopischen Könige in strenger Abgeschlossenheit erzogen worden sein sollen — keiner von diesen Orten konnte mit dem Paradiese von Eden wetteifern:

> Not that fair field etc.
> (Ibid., IV. 268—284.)

Für den Rückzug des Heeres Satans nach dem Pandämonium wird die Flucht der Tataren vor den Russen oder auch die- der Perser vor den Türken als Parallele verwandt:

> As when the Tartar from his Russian foe, etc.
> (Ibid., X. 431—441.)

Die Jünger, welche über das rätselhafte Verschwinden Christi klagen, suchen ihn an den verschiedensten Orten, wie dies einst auch die Prophetenschüler mit dem verlorenen Elias thaten:

> Therefore, as those young prophets then with care etc.
> (Par. Reg., II. 18—24.)

Welche Fülle und Abwechslung der Gleichnisse! Alle Sphären des Naturlebens weifs der reflektierende Milton zur Veranschaulichung seiner Gedanken und Empfindungen heranzuziehen: Tiere und Pflanzen, Edelsteine und Metalle, Felsen und Berge, Flüsse und Meere, Städte und Ländereien, Wasser und Erde, Luft und Tageszeiten, Naturerscheinungen und Elementargewalten, Himmel und Gestirne bieten sich ihm zum Dienste dar. Sehr viele dieser Gleichnisse zeichnen sich durch Originalität aus und sind zum grofsen Teile, namentlich wenn wir von den stereotypen Vergleichen und aufserdem von solchen absehen, in welchen der Dichter mit Naturunmöglichkeiten spielt, aus eigener Anschauung und Naturbeobachtung entsprungen. Unter denselben finden sich prächtige Bilder von ausgewählter Zartheit und erhebender Gröfse, die von einer liebevollen Aufnahme der einzelnen Natureindrücke Beweis ablegen. Erwägt man nun, dafs die Richtung des inneren Lebens eines Dichters auch in jenen Gebieten, denen er seine Gleichnisse mit Vorliebe entnimmt, zum Ausdrucke kommt, und berücksichtigt man ferner, dafs nur der Dichter, dem es nicht an offenem Sinne und liebevollem Interesse für die Reize der Aufsenwelt fehlt, solche mannigfaltige, treffende und warme Naturbilder findet, so darf man behaupten, dafs sich die Tiefe des Milton'schen Natursinnes nicht unbedeutend in seinen Gleichnissen offenbart.

IV.

Nachdem wir gesehen haben, wie Miltons Naturschilderungen sehr oft als Folie für das Gemälde menschlichen und übermenschlichen Lebens dienen, lenken wir in dem vorliegenden vierten Abschnitte unserer Betrachtung die Aufmerksamkeit der sogenannten **beschreibenden** Poesie zu, in welcher unser Dichter sich mit sehr gutem Erfolge versucht hat, indem er die Natur und ihre Erscheinungen zum selbständigen oder alleinigen Gegenstande der Schilderung macht.

Aus Miltons Jugendzeit gehören hierher die zwei berühmten Gedichte „L'Allegro" und „Il Penseroso."

Werfen wir zunächst einen Blick auf den Gedankengang beider.

Nachdem der heitere Mann die ihm verhafste Tiefsinnigkeit von sich gewiesen hat, ruft er Euphrosyne oder die Freude als seinen Genius an, sich ihm mit ihrem Gefolge zu nahen, und nun legt er dar, was ihm Vergnügen bereitet.

Eine lichte Färbung des Himmels im Osten verkündigt

den neuen Tag, und trillernd steigt die Lerche in die noch dunklen Lüfte empor. Durch den entzückenden Gesang der letzteren geweckt, erhebt sich der Lebensfrohe von seinem Lager und begiebt sich an das von Blumen und Sträuchern umgebene Fenster, um der Welt einen „guten Morgen" zu bieten. Während der krähende Hahn mit seinen gluckenden Hennen den Stall verläfst, tritt der fröhliche Mann aus seinem Landsitze hinaus in die freie Natur und lauscht der nach dem Waldgrunde hinbrausenden Jagd. Unterdessen steigt im fernen Osten die Sonne über den Horizont empor und malt den Himmel in prächtigen Farben. Um diesen Anblick völlig geniefsen zu können, steigt er, bereits nicht mehr allein um diese frühe Stunde in der freien Natur, auf dem von ihm schon manchmal betretenen Ulmenwege nach einem grünen Hügel hinauf. Das Morgenbild der neuerwachten Natur vervollständigt sich gar bald. Der Landmann pflügt den Acker, indem er bei seiner Arbeit ein lustiges Lied pfeift; das Milchmädchen kommt mit heiterem Gesichte die Strafse dahergefahren, indem sie nach Herzenslust singt; der Mäher wetzt seine Sense auf der futterreichen Wiese, und die Schäfer erzählen sich am Weifsdornbusche ihre Neuigkeiten. Sodann setzt der Lebensfrohe seinen Spaziergang fort, indem sein Auge mit Wohlgefallen auf der Landschaft verweilt. Neue, herrliche Anblicke bieten sich ihm dar. Von Wald eingeschlossene, freie Plätze und brach liegende Fluren, auf denen Herden friedlich weiden, Berge, auf welchen der Himmel zu ruhen scheint, Wiesen, die durch allerlei Blumen bunt gefärbt sind, seichte Bäche und gröfsere Flüsse nehmen durch ihren bezaubernden Farbengegensatz das Interesse dieses natursinnigen Menschen in Anspruch. Er lenkt seine Schritte weiter, indem sein Auge mit Entzücken über Berg und Thal, über Wald und Feld schweift, bis es endlich in einiger Entfernung auf einem Schlosse haftet, dessen hohe Türme und Zinnen über die grünen Bäume emporragen, während dicht daneben aus dem Schornsteine einer Hütte, die von zwei mächtigen Eichen beschattet wird, Rauch aufsteigt. Dort in jenem niedrigen Hause hat eben — es ist bereits Mittag -- die reinliche und geschickte Phyllis das Essen für ein ländliches Paar bereitet, und nachdem der Fröhliche an diesen Ort gekommen ist, läfst er es sich nicht entgehen, letzteres beim traulichen Mahle zu belauschen. Die Sonne hat schon den Zenith überschritten, während der Heitere seinen Weg bergauf fortsetzt und durch verschiedene kleine Ortschaften kommt, die sich am Gebirgsabhange hinziehen. In einer derselben geht es höchst lustig zu; man feiert daselbst ein ländliches Fest. Bei Glockenklang und Geigenspiel drehen sich Burschen und Mädchen im Tanze, und jung wie alt ergötzt sich, frei von aller Sorge, bis zum Abende. Als es dunkel geworden ist, zieht man sich in das Innere des Hauses zurück, indem der Frohsinnige gleichfalls dorthin folgt. Hier scherzt und lacht man bei einem Glase braunen Bieres und erzählt sich allerlei wunderliche Geschichten von Kobolden und Feen, wozu viele infolge ihres Aberglaubens etwas aus eigener Erfahrung beizutragen wissen. Endlich begiebt man sich zur Ruhe und wird bald durch den flüsternden Wind, der draufsen die Bäume sanft bewegt, eingelullt, wie es der Dichter so kurz und so treffend ausgedrückt hat in den Worten:

> Thus done the tales, to bed they creep, etc.
> (L'Alleg., 115 f.)

Nachdem der Heitere so einen Tag den Freuden des Landlebens gewidmet und sich in der Nacht durch einen süfsen Schlaf gestärkt hat, begiebt er sich am nächsten Morgen [1]) nach einer „grofsen Stadt Gewühl", wo glänzende Festlichkeiten veranstaltet werden. Zunächst bietet sich seinen Augen ein prächtiges Turnier dar, wo Ritter und Barone miteinander kämpfen, um Ruhm und damit zugleich die Gunst der anwesenden Damen zu erlangen. Sodann sieht er pomphafte Hochzeitsfeierlichkeiten, festliche Aufzüge, Maskenspiele und sonstige mit allerlei Gepränge verbundene Lustbarkeiten, bis er sich endlich nach dem

---

[1]) So fassen wir mit Liebert und Stern "then" (Vers 117) im Gegensatze zu Masson auf.

Theater hingezogen fühlt, wo neben dem „gelehrten Jonson" Lustspiele von dem „süfsesten Shakespeare, dem Sohne der Phantasie", aufgeführt werden. Nachdem er bei dieser Gelegenheit kurz des charakteristischen Unterschiedes beider Dichter, der Kunst Jonsons und der Natur Shakespeares, der Gelehrsamkeit des einen und des Genies des anderen gedacht hat, knüpft er hieran noch ein Lob der Tonkunst, deren geheime Kraft ihn beseelt, und ruft am Schlusse aus:

These delights if thou canst give, etc.

(Ibid., 151 f.)

Dies ist ein Tag aus dem Leben des heiteren, lebensfrohen Mannes.

Wie anders gestaltet sich dagegen das Leben des ernsten, gedankenvollen Menschen! Nachdem er seiner Abneigung gegen die trügerischen Freuden Ausdruck verliehen hat, begrüfst er seine erhabene Göttin, die Tiefsinnigkeit, in höchst beredten Worten und bittet sie, ihm mit ihrem Geleite zu folgen.

Er, der ernste Träumer, lauscht am Abende dem melodischen Liede der Nachtigall, deren wehmütige Töne durch den Hain erschallen. Ihm scheint es, als ob auch der über einer hohen Eiche freundlich niederblickende Mond, den er schon oft von dort aus am Himmel beobachtet hat, von dem Liede derselben entzückt sei. Schweigt jener tönereiche Vogel, so wandelt der einsame Spaziergänger langsam und von niemand gesehen — die Menschen haben sich bereits in ihre Wohnungen zurückgezogen — im Wiesengrunde fort und beobachtet, wie der sanft dahingleitende Mond seinen Weg durch die Wolken nimmt. Indem er dann zuweilen seine Schritte nach der Höhe eines Hügels lenkt, vernimmt er den Klang der Abendglocke, die über den weiten Wasserspiegel eines Sees[1]) herübertönt. — Wenn das Wetter ihm derartige Genüsse in der freien Natur versagt, dann zieht er sich in sein einsames Gemach zurück, wo er in der Abenddämmerung ohne Lampenschein

---

[1]) Im Gegensatze zu Masson fassen wir "shore" (Vers 75) auf in der Bedeutung von lake, nicht sea.

träumerisch am Kamine sitzt und nachdenkend in die glühenden Kohlen blickt. Rings um ihn herrscht feierliche Stille, die nur vom Heimchen am Herde und von dem Segensspruche des Wächters unterbrochen wird. Allerlei Betrachtungen, die er in seinem Geiste anstellt, verlängern sein Nachtwachen, und um Mitternacht kann man ihn wohl beim Scheine des Lichts im hohen Turme finden, wo er die Werke des Hermes Trismegistus, jenes berühmten, mythischen Königs und Philosophen der Ägypter, studiert oder sich auch in Platos Schriften vertieft, um die Ansichten dieser Männer über den zukünftigen Aufenthalt der unsterblichen Seele und der Naturdämonen kennen zu lernen. Sodann wendet er sich den Büchern der Dichtung zu; die Helden der antiken Tragödie sieht er im Geiste vor sich, und indem er jene bewundert, gedenkt er zugleich wehmütig der verhältnismäfsig wenigen ebenbürtigen Gestalten, welche die neuere Bühne aufzuweisen hat. Auch die lyrische und epische Dichtung beschäftigt seinen Geist. Ihm wäre es sehnlichst willkommen, wenn die Tiefsinnigkeit Musäus und Orpheus ins Leben zurückrufen würde, damit er ihrem Gesange lauschen könnte, oder auch Chaucer, damit dieser seine "Squieres Tale" vollende. Hier finden neben den alten, berühmten, griechischen Sängern die heimischen Dichter ihre gebührende Stelle, und die ritterliche Romantik preist er als die Dichtkunst, „wo mehr gemeint als gesagt ist." So vergeht die Nacht, indem er denkt und forscht und zugleich bewundert, was erhabene Geister der Vorzeit Grofses und Edles geschaffen haben. Ein düsterer Morgen bricht an, der Wind heult, die Blätter rauschen, und Regen rieselt schwermütig herab. Im Verlaufe des Morgens jedoch durchdringt die Sonne den dichten Wolkenschleier, und der Ernstgestimmte flieht vor ihren Strahlen in die Einsamkeit eines Buchen- und Eichenhaines. Da wandelt er ganz einsam im tiefsten Dickicht melancholisch dahin, bis er sich auf kühlem Rasen niederläfst und, eingelullt von dem Summen der Bienen und dem Murmeln eines Baches, entschlummert. Während er schläft, entzücken süfse, geheimnisvolle Träume seine Phantasie, und als er erwacht, glaubt er rings um sich die liebliche Musik der unsichtbaren Waldgenien zu hören. Unter diesen vermeintlichen Klängen wandert er, ganz seiner Stimmung entsprechend, nach der alten Klosterkirche. Nachdem er dort der fleifsigen Mönche lobend gedacht, bewundert er die hochgewölbte Decke, die mächtigen, dauerhaften Pfeiler und die zahlreichen, mit religiösen Bildern geschmückten, bunten Fenster, durch die das Licht gedämpft hindurchbricht. Als nun gar der Orgel ernster Klang mit dem harmonischen Chorgesange seinem Ohre ertönt, gerät er in Entzückungen und sieht gleichsam den Himmel vor sich offen. Ja in seiner Begeisterung will er sich für seine alten Tage eine friedliche Einsiedelei zum dauernden Wohnsitze aussuchen, ein härenes Kleid anziehen, um in seiner abgeschiedenen Zelle andächtig in dem grofsen Buche der Natur zu studieren:

Till old experience do attain etc.

(Il Pens., 173 f.)

Wenn ihm die Tiefsinnigkeit diese Freuden gewähren kann, so will er stets mit ihr leben:

These pleasures, Melancholy, give; etc.

(Ibid., 175 f.)

Beide Gedichte stimmen also in der Anlage völlig überein: derselbe Anfang und dieselbe Apostrophe, dieselben einander entsprechenden Glieder des Hauptteiles, deren übereinstimmender Bau sich oft absichtlich bis auf die einzelnen Wörter erstreckt, endlich derselbe Schlufs. Aber dennoch findet sich in diesen Dichtungen keine ermüdende Gleichförmigkeit; im Gegenteil ist die Komposition beider Gesamtwerke derart, dafs dieselben erst zu voller Geltung kommen, wenn sie einander gegenüber gestellt werden.

Insbesondere sind auch die Einzelgemälde jedes Gedichtes vortrefflich und geben Zeugnis von der wahrhaft dichterischen Begabung Miltons.

Man hat bisweilen an den beiden mythologischen Stammbäumen des Frohsinns und des Tiefsinns, womit beide Gedichte beginnen, Anstofs genommen. Wenn nun aber auch durch solche mythologische Anspielungen der freie Gang gleich am Anfange etwas gehemmt wird,[1]) so ist dieser Mangel doch weniger schwerwiegend, als er in dem üblichen Zuge jener Zeit und in den individuellen Verhältnissen, unter denen Miltons Jugend verflofs, hauptsächlich seinen Grund hat. Liebert[2]) sagt daher mit Recht: „Die Schilderung des Heimischen und Gegenwärtigen stolpert zuweilen über Gräcismen. Diese Unbehülflichkeit macht indefs einen mehr rührenden als störenden Eindruck, — sie bildet einen nothwendigen Zug in der Entwickelung des Dichters: noch sind ihm die Erinnerungen aus der Welt seiner Bücher lebendiger und natürlicher, als die Natur und das Leben." Gleichwohl aber — so müssen wir hinzufügen — malt Miltons Einbildungskraft den Frohsinn und den Tiefsinn in einer Reihe von Bildern, die an Schönheit ihresgleichen suchen; Landschaftsgemälde, Schilderungen aus dem Leben der Natur und der Menschen werden uns hier vorgeführt, die sich auf seine eigene, unmittelbare Beobachtung gründen.

Führen wir uns im folgenden die einzelnen Bilder vor Augen.

Kaum hat der Lebensfrohe mit Tagesanbruch sich von seinem Ruhelager erhoben und die Natur begrüfst — vielleicht absichtlich, um den Sorgen, die er in seinem Inneren birgt, Trotz zu bieten[3]) —, so tritt er hinaus ins Freie, um den nahenden Sommermorgen zu geniefsen. Sein erster Blick fällt auf das von blühenden Blumen und von grünem Rebenlaub umgebene Landhaus und dessen Umgebung. Der erste Laut, welchen er in der noch schlummernden Natur vernimmt, ist das Jubeln der Lerche, die sich hoch in die Luft emporschwingt und durch ihr Morgenlied gleichsam die finstere Nacht weckt, damit sie dem an-

---

[1]) Auch sonst finden sich in diesen Gedichten noch einige ähnliche, mehr oder weniger von antik-phantastischem Geiste angehauchte Stellen, ohne dafs wir jedoch Veranlassung nehmen, jedesmal wieder darauf zurückzukommen.
[2]) A. a. O. S. 33.
[3]) Vgl. Vers 45.

brechenden Tage Platz mache. Der krähende Hahn schlägt die Flügel und schreitet stolz seinen gluckenden Weibern voran nach dem Holzstofse und dem Thore zu. Noch kämpfen die Schatten der Morgendämmerung mit dem Lichte des jungen Tages. Da rötet sich im Osten der Himmel und verkündet das Nahen des siegreichen Tagesgestirnes. Je länger der Frohsinnige lauscht, und je mehr er sich umsieht und fortbewegt, desto mehr findet er allmählich Spuren der neuerwachten Natur. Er hört die bellenden Hunde und schmetternden Hörner einer lustigen Jagdgesellschaft im nahen Walde wiederhallen. Strahlend erhebt sich die Sonne über den Horizont herauf und färbt das leichte Gewölk mit Purpurglut. Der sinnige Naturfreund läfst es sich nicht entgehen, auf eine Anhöhe zu steigen, um sich an diesem herrlichen Naturschauspiele zu ergötzen. Bald entfaltet sich regeres Leben in seiner Umgebung, indem die uralte, ländliche Arbeit ihr harmonisches Geräusch in den Frieden der Landschaft mischt. Mit Wohlgefallen ruht sein Blick auf dem Pflüger, der bei heiterer Laune sein Tagewerk vollbringt, sowie auf der nicht minder anstrengenden Arbeit des Mähers, unter dessen Sense das tauige Gras fällt; mit Behagen lauscht er dem lustigen Gesange des Milchmädchens, und nicht ohne Interesse beobachtet er die unten im Thale miteinander plaudernden Hirten. Kurz, alles regt und freut sich, überall singt und klingt es:

Mirth, admit me of thy crew, etc.
(L'Alleg., 38, 41—68.)

Nachdem der Heitere so an den ersten Erscheinungen eines Frühmorgens auf dem Lande sich ergötzt hat, setzt er seinen Spaziergang fort. Einige Zeit ist verstrichen, die Sonne ist höher emporgestiegen, und die verschiedenfachsten Züge und Reize der schönen Natur nimmt er, indem er rings um sich blickt, im strahlenden Lichte der goldenen Morgensonne wahr. Wiesen und Felder, Berge und Thäler, Bäche und Flüsse, Blumen und Sträucher, Heide und Wald, Schäfer und Herden, Nebelstreifen und Wolkengebilde erscheinen anmutig und friedlich vor seinen

Augen und gestalten sich im Glanze der Sonnenbeleuchtung zu einem wirkungsvollen Landschaftspanorama:

> Straight mine eye hath caught new pleasures, etc.
> (Ibid., 69—76.)

Zinnen und Türme, die in der Ferne emporragen, veranlassen unseren fröhlich gestimmten Mann, dorthin zu wandern. Als er an dieser Stelle angekommen ist, mustert er das von schattenspendenden Bäumen eingehüllte Schlofs, auf dessen edle Bewohner wohl manches Auge mit Hochachtung emporblickt. Dicht neben diesem hohen, prächtigen Wohnsitze steht eine von alten Eichen halb verborgene Hütte, aus deren Schornsteine Rauch emporwallt, anzeigend, dafs die Mittagszeit herangekommen ist. Dort läfst sich die genügsame Familie eines Landmanns nach gethaner Arbeit das einfache Essen, welches die Tochter des Hauses zubereitet hat, wohlschmecken, um dann wieder hinaus auf Wiese und Feld zu eilen, wo ihrer neue Arbeit harrt. Dieses ländliche Bild idyllischen Friedens und ungestörten Glückes übt einen wunderbar wohlthuenden Eindruck auf den lebensfrohen Wanderer aus, der nicht umhin kann, der regen Thätigkeit jener Personen einige Zeit lang seine Aufmerksamkeit zu widmen, nachdem er schon vorher ein Vergnügen daran gefunden hat, dieselben bei ihrem schmackhaften Mahle zu beobachten:

> Towers and battlements it sees etc.
> (Ibid., 77—90.)

Neue Freuden, die den Frohsinnigen noch in seiner Stimmung bestärken, bieten sich ihm am Nachmittage, nachdem er sich wohl ziemlich müde gelaufen haben mag. In einem sonst friedlich und ruhig am Abhange von Bergen und Hügeln gelegenen Dörfchen, wohin ihn sein ländlicher Pfad geführt hat, herrscht an diesem Tage Jubel und Vergnügen. Festgeläute ertönt, Musik erschallt, und flink und wohlgemut bewegen sich hier unter freiem Himmel die Füfse der Jugend beim Tanze, wie auf dem Felde die Hände, während das reifere Alter als Zuschauer teilnimmt. Erst bei Anbruch des Abends wird es im Freien stiller, indem man sich in das Haus zurückzieht. Hier belustigt man sich weiter, schmaust oder unterhält sich auch durch Erzählung allerlei phantastischer Geister- und Gespenstergeschichten, wobei man „würziges, nufsbraunes Ale" trinkt, so dafs unser fremder Gast bis tief in die Nacht hinein in dieser Gesellschaft lustiger Dorfbewohner verbleibt:

Sometimes, with secure delight, etc.

(Ibid., 91—114.)

In der letzten Scene endlich folgen wir unserem harmlos heiteren Weltkinde in eine grofse Stadt, wo er Zeuge des daselbst geschäftigen Lebens und vielbewegten Treibens ist. Bald hat er sich unter das hastige Getümmel der schaulustigen Menge gemischt, die zu einem glänzenden Turnier eilt, wo Ritter und Barone vor schönen Damen um die Ehre kämpfen; bald weidet sich sein Auge an Hochzeitsfeierlichkeiten und prunkhaften Aufzügen, bis er endlich dem Genusse dramatischer Aufführungen sich hingiebt, die im Theater, wo man sich an den Schauspielen Jonsons oder Shakespeares ergötzt, ihren Abschlufs finden:

Towered cities please us then, etc.

(Ibid., 117—134.)

Betrachten wir im Gegensatze hierzu die einzelnen Gemälde des zweiten Gedichtes.

Der ernste, gedankenvolle Mann tritt seinen Spaziergang mit Eintritt des Abends an. Indem er seinen Sinn zur Einkehr in sich selbst lenkt, wandelt er abseits von dem Getreibe der Menschen einsam dahin, bis ihn das Laubdach einer alten Eiche umfängt, wo er dem süfsen, aber wehmütigen Liede der Nachtigall unter dem geheimnisvollen Einbruche der Nacht lauscht. Fast dünkt es ihn, als ob auch der Mond, der die ganze Scenerie mit seinem milden Silberlichte übergiefst und den er schon oft von diesem Eichbaume aus beobachtet hat, Wohlgefallen an diesem melodischen Gesange finde und hier langsamer auf seiner weiten Bahn wandle, um desto länger zuhören zu können. Ist endlich die Königin unter den gefiederten Sängern verstummt, dann schreitet der Nachdenkliche wohl weiter. Um so mehr

fesselt ihn jetzt der wunderbare Zauber des Mondes, der
bisweilen hinter leichten Wölkchen sich verbirgt und ihm
wie ein verirrter Wanderer hoch am Himmel dahinzueilen
scheint, während über einen ruhig daliegenden See der
ferne, schwermütige Klang¹) der Abendglocke in seine
Ohren dringt. Wie trefflich passen diese nächtlichen Anblicke und Töne zu der ernsten Stimmung unseres poetischen,
in sich gekehrten Spaziergängers!

And the mute Silence hist along, etc.
(Il Pens., 55—76.)

Bei dem nächsten Bilde sehen wir den einsamen Träumer
zu Hause in seinem düsteren Zimmer in Gedanken versunken
am Kamine, dessen glühende Kohlen einen ahnungsvollen
Dämmerschein in dem feierlich stillen Raume erzeugen.
Nichts stört ihn in seinem Nachdenken, wenn nicht etwa
von Zeit zu Zeit das Heimchen am Herde durch sein
Zirpen oder der die Runde machende Wächter, wenn derselbe die Stunden abruft und dabei Gottes Segen für die
ihm anvertrauten Häuser und deren Bewohner erfleht. Um
die totenstille Stunde der Mitternacht begiebt er sich hinauf
in den einsamen Turm, durch dessen Fenster die Strahlen
seiner Lampe hinaus ins Freie fallen und weithin sichtbar
sind. Sehnsuchtsvoll und forschend blickt er alsdann zu
der unergründlichen Welt der blitzenden Sterne empor,
um den Wohnsitz der abgeschiedenen Seelen zu entdecken.
Stille Bewunderung faßt seinen nachdenkenden Geist, und
wenn er sich wohl müde gesehen hat, nimmt er seine Lieb-
lingsschriften berühmter Philosophen zur Hand, um tiefer
in die Geheimnisse der Natur einzudringen, ändert auch
die Gegenstände der Betrachtung, indem er die herrlichen
und rührenden Scenen der tragischen und epischen Dichtkunst sich vorführt, die ihn so anziehen, daß er die Helden
derselben vor seinen Augen emporsteigen sieht:

Or, if the air will not permit, etc.
(Ibid., 77—120.)

Ein düsterer Morgen folgt; trübe und schwer hängt

---

¹) Man beachte die musikalische Abschattung desselben in Vers 75 f.

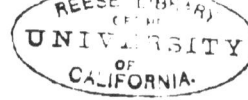

diese frühe Stunde über der Natur. Der Himmel ist mit Wolken überzogen, die Winde heulen, der Regen rinnt raschelnd durch das Laub, bis derselbe nachläfst und nur noch einzelne Tropfen von Zeit zu Zeit schwerfällig zur Erde fallen. Endlich durchbricht die Sonne die melancholischen Regenwolken und trocknet die angefeuchtete Erde. Der Gedankenvolle eilt in seiner weltscheuen Beschaulichkeit hinaus in die freie Natur. Hier findet er eine Zufluchtsstätte in dem ihm lieb gewordenen, dichten Haine, den das Sonnenlicht nicht zu durchdringen vermag und dessen mächtige, zum Himmel emporstrebende Bäume ihm wohl vieles erzählen könnten, wenn denselben nicht für immer tiefstes Schweigen auferlegt wäre. Um so wohler aber fühlt er sich in dieser ihn so anheimelnden Stätte stillen Nachdenkens und Empfindens, die mit ihrem Dämmerlichte seinen Sinn geheimnisvoll umfängt. Rings um ihn herrscht in dieser wunderseligen Waldeinsamkeit friedsame Stille, die nur von dem Rieseln eines Baches und von dem Summen der Bienen unterbrochen wird. Im Schatten hoher, feierlicher Wipfel giebt er sich der erquickenden Ruhe hin, und unter dem gleichmäfsigen, leisen Gemurmel des benachbarten Quelles senkt sich gar bald Schlummer auf seine Augen. Der auf weichem Rasen Gebettete träumt von sonderbaren Dingen, und nach seinem Erwachen glaubt er in seiner Begeisterung eine von unsichtbaren Luftbewohnern aufgeführte Musik zu hören:

   Thus, Night, oft see me in thy pale career, etc.
             (Ibid., 121—154.)

 Am Schlusse finden wir den sinnigen Träumer, nachdem er vorher in den verlassenen Zellen eines Klosters den Fleifs der früher daselbst lebenden Mönche bewundert hat, in einer alten, ehrwürdigen Kathedrale, die mit ihren antiken, dem Zahne der Zeit trotzenden Pfeilern und bunt bemalten Fenstern ernst auf jenes altersgraue Gemäuer herabschaut. Aber nicht einsam weilt er in diesem heiligen, von einem milden Lichtscheine erfüllten Raume. Viele seiner Mitmenschen haben sich hier zum Dienste des Allerhöchsten versammelt, er schliefst sich ihnen an, und die feierlichen Orgeltöne und erhebenden Chorgesänge wirken so auf seine zartfühlende Seele, dafs er die gemeine Wirklichkeit der Dinge aus den Augen verliert und sich in ein überirdisches Dasein versetzt fühlt:

> But let my due feet never fail etc.
> (Ibid., 155—166.)

So enthalten also beide Gedichte eine Reihe von Gemälden, in denen die mannigfachsten Anblicke der Landschaft und des Menschenlebens in vortrefflicher Sprache geschildert werden. Natur und Menschenwelt sind hier so natürlich und anschaulich, so lieblich und innig miteinander verwoben, dafs sie wohl kaum je in dem Herzen eines Dichters ein deutlicheres Echo, eine treuere Abspiegelung finden dürften. Mit der vollendeten Sprache und der lebendigen Darstellung paart sich eine gedankenschwere Kürze. In wenigen Worten oder Versen gelangen die einzelnen ausgewählten Momente als vielumfassende Gemälde zur Darstellung. Wenn Macaulay in seiner berühmten kritischen Abhandlung über unseren Dichter als eine hervorragende Eigentümlichkeit der Milton'schen Poesie die bezeichnet, dafs ihre Wirkung weniger durch das wirklich Ausgesprochene als durch das, was der Ahnung dargeboten wird, weniger durch die direkt gegebenen Ideen als durch andere mit diesen sich berührende entsteht,[1]) so trifft dies ganz und gar hier zu. Der Dichter giebt nur Andeutungen und überläfst es dem Leser, das jeweilige Bild weiter auszuschmücken und zu vollenden. Jede Zeile erweckt eine Menge von Anschauungen und Bildern, und vermittelst eines einzigen Wortes wird bisweilen eine neue Scene trefflich eingeleitet. Macaulay hatte in der That ein Recht zu schreiben:[2]) "These poems differ from others, as atar of roses differs from ordinary rose water, the close packed essence from the thin diluted mixture."

Nicht am wenigsten bekundet sich übrigens die geschickte Hand unseres Dichters auch in der Anordnung

---
[1]) Macaulay, Critical and Historical Essays. London: Longmans, Green, and Co. 1885. Bd. I, S. 11.
[2]) A. a. O. S. 13.

und Verknüpfung der einzelnen Scenen. Sämtliche Bilder sind voneinander verschieden, und dennoch bilden sie eine fortlaufende Kette, in welcher jedes Glied natürlich und harmonisch sich einfügt, ohne dafs jedoch aus innerer Notwendigkeit eins aus dem andern folgt. Der fortlaufende Faden, an dem sich Bild an Bild wie Perlen zu einem schönen Kranze reiht, wird durch die Idee gebildet, welche beiden Gedichten zu Grunde liegt.

Welches ist nun diese Idee? Milton will in diesen beiden Gegenstücken, in dem lebensfrohen und in dem sinnigen Menschen, zwei einander entgegengesetzte Richtungen eines Gemüts zur Darstellung bringen, die Goethe den klagenden Faust also schildern läfst:[1]·

> Zwei Seelen wohnen, ach! in meiner Brust,
> Die eine will sich von der andern trennen;
> Die eine hält in derber Liebeslust
> Sich an die Welt mit klammernden Organen,
> Die andre hebt gewaltsam sich vom Dust
> Zu den Gefilden hoher Ahnen.

Es sind jene beiden rätselhaften Gegensätze, die, ungleich verteilt, in jeder Menschenbrust nebeneinander bestehen und die, zu Extremen entwickelt, auch im „Verlorenen Paradiese" unseres Dichters wiederkehren.

Wir haben also zwei Stimmungsgedichte vor uns, in denen Milton je einen Tag aus dem Leben des heiteren und des ernsten, tiefsinnigen Menschen schildert. Ueber dem Ganzen schwebt jener mystische Hauch der Sympathie, durch den das Gemüt in Einklang mit der Aufsenwelt steht. Diesen Wiederschein und Wiederklang der Seelenstimmung in der Scenerie hat der Dichter dadurch hervorgebracht, dafs er die Lebenslust und den Welternst auf Natur und Gedankenwelt übertrug und unter der grofsen Mannigfaltigkeit der Erscheinungen diejenigen festhielt, welche dem einen oder dem andern dieser Gemütszustände zusagen. Im „Allegro" besingt derselbe in anmutigen

---

[1] Goethe, Sämtliche Werke. Stuttgart, Cotta 1875. Bd. III, S. 257.

Bildern aus der Natur und dem Leben der Menschen die harmlosen Freuden eines reinen Herzens; dieser Sinnenschönheit des Daseins stellt er im „Penseroso" das höhere Glück des denkenden und forschenden Geistes gegenüber, der in seinem weltverachtenden Ernste zu reinen Gefilden, zu geistigen Höhen sich emporringt. Indem aber Milton nicht nur die Form und Farbe der Aufsenwelt hier zur Darstellung gebracht, sondern auch den Stimmungsduft der Seele darübergehaucht hat, verlieh er diesen beiden Gedichten, der blofs beschreibenden, seelenlosen Naturpoesie gegenüber, einen viel innigeren und sinnigeren Inhalt. Leider müssen wir es uns versagen, dieses sympathetische Verschmelzen des Eindrucks der Aufsenwelt mit der Seelenstimmung in eins hier näher darzulegen, wie wir an dieser Stelle ebensowenig die übrigen Vorzüge, durch welche sich diese beiden Werke von verschiedenen anderen, blofs beschreibenden Dichtungen unterscheiden, anführen können. Wohl aber findet im Zusammenhange mit unserem zu behandelnden Gegenstande noch die Beantwortung der Frage, ob Milton wirkliche Landschaftsbilder in diesen zwei Gedichten geschildert hat, ihre Berechtigung.

Masson und noch andere Kommentatoren sind der Ansicht, dafs dieses „Doppelgestirn beschreibender Poesie" höchst wahrscheinlich in dem etwa siebzehn englische Meilen westlich von London gelegenen, kleinen Dorfe Horton, wo unser Dichter von 1632 bis 1638 bei seinem Vater in ungestörter Mufse und stillen Studien lebte, entstanden ist, und zwar in der ersten Hälfte seines dortigen Aufenthaltes.[1]) Wenn dies wirklich sich so verhält, was kann alsdann dem Dichter näher gelegen haben, als die in ihren mannigfachen Reizen und Anblicken prangende Landschaft um Horton herum mit dem benachbarten Schlosse von Windsor bei dieser Gelegenheit poetisch zu verwerten?

---

[1]) Masson, The Life of J. Milton. Bd. I (Cambridge 1859). S. 532. The Poet. Works of J. Milton. Ed. by Masson, London 1882. Bd. I, S. 18.

Nach dem Urteile Massons[1]) hat in der That die landschaftliche Umgebung Hortons grofse Ähnlichkeit mit der Scenerie in unseren Gedichten; aber neben dieser Uebereinstimmung finden sich doch auch einzelne Abweichungen. Da also die Landschaft von Horton — ebensowenig aber auch eine andere Örtlichkeit des südlichen Englands — nicht alle die verschiedenen Einzelheiten der geschilderten Scenerie zeigt, so ist man berechtigt zu vermuten, dafs die letztere eine nicht ganz wirkliche ist. Soweit eben die Gegend von Horton — wenn wir als sicher voraussetzen, dafs dort beide Gedichte entstanden sind — dem Dichter geeignete Bilder zur Schilderung der herrschenden Stimmung bot, hat er dieselben dieser seiner nächsten Umgebung entlehnt. Andrerseits wird man kaum bezweifeln dürfen, dafs Milton daneben auch solche landschaftliche Züge, die ihm aus früherer Zeit durch den Anblick anderer Gegenden in der Erinnerung vorschwebten und ihm geeignet erschienen, eingeflochten hat, wie er denn nötigenfalls auch freie, zweckdienliche Gebilde der schaffenden und kombinierenden Phantasie hiermit verquickt haben mag.[2])

Miltons „L'Allegro" und „Il Penseroso" mit ihren aneinandergereihten Bildern englischer Scenerie, die in ihrer duftenden Landschaftlichkeit plastisch anschaulich entworfen sind, gehören zu dem Schönsten und Besten, was auf dem Gebiete der beschreibenden Dichtung geschaffen worden ist. Zugleich aber müssen dieselben als die ersten, rein beschreibenden Gedichte in der englischen Litteratur überhaupt gelten. —

Von den späteren dichterischen Erzeugnissen Miltons liefert zunächst das „Verlorene Paradies" Beiträge zur beschreibenden Naturpoesie.[3])

---

[1]) Masson, The Life of J. Milton. Bd. V (London 1877), S. 541.
[2]) Vgl. auch L'Alleg., 129 f.
[3]) Obwohl in den folgenden Schilderungen die poetische Behandlung der Natur nicht als reiner Selbstzweck erscheint, so haben wir es doch vorgezogen, dieselben hier einzureihen.

Als Augenzeugen läfst der Dichter den Erzengel Uriel einzelne Schöpfungsakte dem Satan in kurzen, trefflichen Worten erzählen:

"I saw when, at his word, the formless mass", etc.
(Par. Lost, III. 708—721.)

Diese wenigen Verse bereiten den Leser gleichsam auf die im siebenten Gesange ausführlich geschilderte Schöpfungsgeschichte vor, in welcher der Dichter die ganze Pracht und die unendliche Mannigfaltigkeit der Natur nach ihrem einstigen Entstehen auf Grund der mosaischen Überlieferung in herrlicher, poetischer Beschreibung vor uns entfaltet.

Vergegenwärtigen wir uns die einzelnen Scenen dieses schönen Schöpfungsgemäldes.

Bevor das wunderbare Schöpfungswerk seinen Anfang nimmt, versetzt uns der Dichter noch einen Augenblick lang in eine Welt, die unseren Sinnen hohnspricht, gleichsam zwischen die Ewigkeit, welche fortdauert, und die Zeit, welche ihren Anfang nimmt.

Am Rande des Himmels steht der Sohn Gottes, bekleidet mit der Allmacht des Vaters und umgeben von zahllosen Engeln. Er erblickt den unermefslich tiefen, dunklen, wüsten, wilden Abgrund, der, von wütenden Stürmen im tiefsten Grunde durchwühlt, wie ein Meer braust und seine Wogen zu mächtigen Bergen auftürmt. Das göttliche Wort gebietet der lauten Brandung und der Tiefe Stille, und das Chaos gehorcht. Alsdann begiebt sich der Sohn mit seinem glänzenden Gefolge mitten in das Chaos hinein und zeichnet dem Weltall seine Grenzen in der ungeheueren Tiefe vor:

"On Heavenly ground they stood, and from the shore" etc.
(Ibid., VII. 210—231.)

Die Materie — obgleich Milton in seiner Schilderung der Schöpfung sich möglichst genau an den biblischen Bericht hierüber hält, so verwirft er doch die Idee der Erschaffung der Welt aus nichts — befindet sich noch in einem rohen, verworrenen Zustande. Finsternis bedeckt ringsum die Tiefe, während der Geist Gottes brütend auf dem stillen Wasser schwebt und der weichen Masse Lebenskraft und Lebenswärme einflöfst. Bald scheiden sich die kalten, dunklen, lebenswidrigen Schlackenteile aus, und die übrige Materie nimmt bestimmte Gestalt an: die Erde ist vorhanden:

"Thus God the Heaven created, thus the Earth", etc.
(Ibid., VII. 232—242.)

Nun erläfst die Gottheit das Gebot des Lichts. Auf ihr Wort hin: „Es werde Licht!" steigt dasselbe als reinster Ätherstoff aus der Tiefe und nimmt von seiner Heimat im Osten aus wie eine Strahlenwolke seinen Weg durch die finstere Luft:[1])

"'Let there be Light!' said God; and forthwith Light" etc.
(Ibid., VII. 243—249.)

Sodann erfolgt die Erschaffung jenes ganzen grofsen, weiten Raumes, der, erfüllt von fliefsend reinem, durchsichtigem Äther, zwischen der Erde und der äufsersten Wölbung des Weltenrunds, dem Primum Mobile, seitdem ringsum ausgebreitet ist und das vorher in der chaotischen Masse überall zerstreute Wasser in zwei Teile scheidet:[2])

"Again God said, 'Let there be firmament'" etc.
(Ibid., VII. 261—274.)

Zwar ist die Erde geformt, aber sie befindet sich noch gleichsam als unreife Frucht im Schofse des Wassers eingehüllt, das als grofses Weltmeer den ganzen mächtigen, im Innern bereits von Lebenswärme und Fruchtbarkeit

---

[1]) Noch ist die Sonne nicht vorhanden; daher dient dem Lichte bis zum vierten Schöpfungstage ein „Wolkenzelt" als Wohnung.

[2]) Nach Milton hat Gott nicht nur die Erde, sondern auch die ganze Welt mit einem stillen Wassermeere, das er als die neunte oder krystallene Sphäre des ptolemäischen Systems zu betrachten scheint, umgeben, um jede Störung, die das Universum seitens des benachbarten Chaos erleiden könnte, zu verhindern. Es ist kaum nötig, hier noch auf die Falschheit dieser Ansicht des Dichters, insbesondere auch auf jene Teilung des Wassers aufmerksam zu machen, da, soviel man heute weifs, kein Wasser über der Luft sich befindet, wie denn überhaupt diese ganze Stelle unklar und verworren ist.

erfafsten Erdball überflutet. Auf Gottes Befehl hin tauchen sofort ungeheuere Berge aus dem Wasser hervor und ragen mit ihren breiten, kahlen Nacken bis in die Wolken, während der hohle Boden jählings ebenso tief versinkt und dem Wasser als geräumiges Bett dient. In froher Hast eilen dorthin Fluten, welche das göttliche Gebot zu so schneller Flucht gezwungen hat, dafs sie wie krystallene Wände erscheinen oder als gerade Wasserbergrücken sich erheben. Überall stürmen und drängen Woge auf Woge, Welle auf Welle. Von Klippen und steilen Höhen stürzen die Wasser wie rasende Giefsbäche herab; auf der Ebene gleiten sie sanft dahin. Kein Berg, kein Fels kann dieselben in ihrem Laufe aufhalten; bald wühlen sie sich durch jene hindurch, bald nehmen sie ihren Weg in weiten Windungen und furchen in den weichen Schlamm — die Erde ist eben erst aus dem Wasser aufgetaucht, und Gott hat den Boden noch nicht trocknen lassen — tiefe Rinnen, in denen fortan Flüsse beständig dahinströmen:

"The Earth was formed, but, in the womb as yet" etc.
(Ibid., VII. 276—306.)

Hierauf bringt die Allmacht Gottes die Pflanzen hervor. Die Erde, welche bisher wüste und nackt, unscheinbar und schmucklos gewesen ist, erzeugt zartes Gras, das die Oberfläche derselben in liebliches Grün kleidet. Es keimen Kräuter und Blumen mit den verschiedenartigsten Blättern hervor und öffnen ihre buntfarbigen Blüten, die süfs duften. Hoch rankt sich der traubenbildende Weinstock, tief kriecht der Kürbis mit seinen grofsen Früchten, dichtgeschart steht auf dem Felde die körnige Ähre, während der niedrige Strauch und Busch ihr krauses Haar ineinander verwickeln. Zuletzt erwachsen stattlich wie zum Tanze die schlanken Bäume mit ihren ausgebreiteten Zweigen, welche zahlreiche Früchte tragen oder auch erst in treibenden Knospen und buntfarbigen Blüten prangen. Jetzt sind die Berge und Hügel mit hohen Wäldern gekrönt, die Thäler und Quellen mit Gebüsch gekränzt, die Flüsse von grünen Ufern eingefafst. So scheint die Erde dem Himmel ähnlich, als sollten Götter selbst in ihren heiligen Schatten wohnen:

"He scarce had said when the bare Earth, thill then" etc.
(Ibid., VII. 313—331.)

Der vierte Schöpfungstag gilt dem Hervorbringen der Himmelskörper. Gott bildet an erster Stelle die mächtige, noch lichtlose Sonnenkugel aus Ätherstoff, hierauf den Mond und die übrigen Sterne. Sodann nimmt er den gröfseren Teil des Lichts, das während der drei ersten Tage seinen Sitz in den Wolken gehabt hat [1]) und verpflanzt ihn auf die Sonne, welche seitdem als grofser Lichtquell leuchtet. — Der Dichter kann sich nicht versagen, hieran noch eine kurze, malerische Schilderung der zum ersten Male ihren goldenen Schleier lüftenden Sonne zu knüpfen. Im Osten beginnt diese hehre Leuchte als die Königin des Tages ihre hohe Himmelsbahn, indem sie den Horizont mit ihrem hellen Strahlenglanze schmückt. In grauer Dämmerung tanzen die Plejaden vor ihr hin, ihren Ausflufs hold verschwendend. Der Sonne gegenüber steht am Westhimmel der blasse Mond, welcher mit vollem Antlitze sein Licht aus diesem Borne schöpft und als Fürst der Nacht ebenfalls im Osten erglänzt, indem er dann seine Herrschaft mit unzähligen, klar funkelnden Sternen teilt:

"God saw", etc.
(Ibid., VII. 352—386.)

Wiederum ertönt das Allmachtswort. Im Nu wimmeln die Sunde und Meere, die Buchten und Baien von zahllosem Getier, und lange Züge von Fischen, die in den grünen Fluten dahingleiten, erscheinen, oft in grofser Zahl aufgetürmt, wie mächtige Seebänke inmitten des Oceans. Ein Teil der Wassertiere sättigt sich, bald einzeln, bald paarweise, an Meerpflanzen und schweift durch Wälder von Korallen; andere, deren wogender, beschuppter Körper wie Gold in der Sonne erglänzt, spielen flink; manche

---

[1]) Vgl. S. 94.

harren in Perlenmuscheln geduldig auf feuchte Nahrung; wieder andere lauern in ihrem Schuppenpanzer unter Felsen auf ihr Mahl. Auf der Oberfläche des Meeres scherzen Seehunde und gewandte Delphine. Riesengrofse Tiere, welche sich schwerfällig dahinwälzen, bewegen stürmisch und geräuschvoll den Ocean.[1]) Hier liegt das gröfste, lebende Tier, der Leviathan,[2]) auf dem weiten Wasserspiegel ausgestreckt, der wohl ein ganzes Meer einschlürfen möchte, um es dann hoch emporzuspritzen.

In lauen Höhlen, in Sümpfen und an Ufern entschlüpfen zahlreiche Geschöpfe ihrem Ei, die anfangs kahl, doch bald befiedert und flügge sind und mit schwirrendem Flügelschlage den Boden verlassen, um hoch im Äthermeere zu singen. Der Adler und der Storch bauen ihr Nest auf Felsen und Cedernwipfel; andere Vögel irren einsam durch den weiten Luftkreis; manche von klügerer Art brechen sich in dichten Scharen Bahn, indem sie keilförmig über Meer und Land in ferne Gegenden ziehen und dabei sich gegenseitig ihren Flug erleichtern,[3]) während die Luft wogt und flutet, wo ein solcher zahloser Schwarm vorüberschwirrt. Froh und flink hüpft der kleineren Vögel bunte Schar von Zweig zu Zweig und läfst seinen Gesang im Walde bis zum Abende erschallen; aber auch dann schweigt die Nachtigall noch nicht, sondern ihre gefühlvollen Lieder ertönen die ganze Nacht hindurch. In Seen und Flüssen badet der Schwan, welcher mit schlankem Halse in seiner stattlichen Gestalt dahinschwimmt und dabei mit halb erhobenen Flügeln sich in seiner Majestät zeigt, die flaumige Brust, indem er zuweilen auch die Wasserflut verläfst und sich mit seinen kräftigen Schwingen in die Luft emporhebt. Auf dem

---
[1]) Der Dichter hat durch den Rhythmus jene schwerfällige Bewegung trefflich nachgeahmt (vgl. Vers 411).
[2]) Vgl. S. 61.
[3]) Weil derjenige Vogel, welcher zuerst an der Spitze fliegt, nach einer gewissen Zeit zurücktritt und alsdann ein anderer dessen ursprünglichen Platz einnimmt. Als Beispiel führt der Dichter den Kranich an.

Erdboden schreitet der kammtragende Hahn, dessen helltönende Stimme den Tag verkündet, umher, wie auch der buntfarbige Pfau mit seinem prachtvollen, von schönen Augenflecken glänzenden Schwanze:

"Forthwith the sounds and seas, each creek and bay", etc.
(Ibid., VII. 399—446.)

Am sechsten Tage endlich vollzieht sich die Erschaffung der Landtiere. Dem Worte des Schöpfers gehorchend, öffnet die Erde alsbald ihren fruchtbaren Schofs und gebiert zahllose lebendige Geschöpfe mit völlig ausgewachsenem Körper. In Wald und Gebüsch springen die wilden Tiere schnell aus dem Boden wie von ihrer Lagerstätte und stehen oder wandeln paarweise unter Bäumen; auf Feldern und Wiesen steigt das zahme Vieh hervor und weidet vom ersten Augenblicke seines Daseins an.

Aus grasiger Scholle — der Dichter führt nun einzelne Beispiele an — erhebt sich der braungelbe Löwe bis zur Hälfte und scharrt, um noch seine hinteren Glieder zu befreien, bis er, wie von Ketten entfesselt, davonspringt und die gestreifte Mähne schüttelt; Tiger, Leoparden, Unzen werfen bei ihrem Entstehen gleich dem Maulwurfe Erde in Hügeln auf; der schnelle Hirsch hebt aus dem Boden sein zinkenreiches Haupt; Behemoth,[1]) das gröfste Landtier, vermag kaum seinen Leib der Erde zu entwinden;[2]) mit Wolle bekleidete Schafherden kommen blökend hervor; bald aus dem Lande, bald aus dem Wasser schiefst das Flufspferd und das schuppige Krokodil auf. Gleichzeitig kriechen Insekten und Würmer hervor. Jene schwingen ihre biegsamen Flügel gewandt wie Fächer und schmücken ihren winzig kleinen Körper sorgfältig mit des Sommers bunter Pracht; diese, ebenfalls nicht grofs — doch giebt es unter ihnen auch manche von wunderbarer Länge und Stärke, oft mit Flügeln versehen —, ziehen sich in langen

---
[1]) D. i. der Elefant.
[2]) Durch schwerfällige Bewegung der Worte und durch Alliteration hat der Dichter auch hier (Vers 471) auf sinnliche Weise zu wirken gesucht.

Linien dahin und lassen allerlei gewundene Spuren auf dem weichen Boden zurück. Hier laufen emsig Ameisen einher, die sparsam für die Zukunft sorgen und in ihrer gemeinschaftlichen Thätigkeit ein Muster echter Gleichheit sind; dort schwärmen fleifsige Bienen, die aus Wachs Zellen bauen und darein Honig sammeln:

"The Earth obeyed, and, straight" etc.
(Ibid., VII. 453—492.)

So strahlt nun der Himmel in vollem Glanze, und die Erde lächelt in ihrem reichen Schmucke:

"Now Heaven in all her glory shone, and rolled" etc.
(Ibid., VII. 499—504.)

Doch es fehlt noch das Meisterwerk der ganzen Schöpfung, der Mensch. Der Erzengel Raphael schildert dem Adam diesen Schlufsakt kurz in folgenden Versen:

"This said, he formed thee, Adam, thee, O Man," etc.
(Ibid., VII. 524—530.)

Im „Wiedergewonnenen Paradiese" tritt die malerische Tendenz der Beschreibung besonders in zwei Stellen hervor.

Um dem Heilande die Gröfse und Herrlichkeit der Erde zu zeigen, führt Satan denselben auf einen hohen Berg,[1]) bei welcher Gelegenheit Milton eine ebenso einfache als reizende Schilderung der Landschaft Mesopotamiens entwirft. An dem grünen Fufse dieses Berges zieht sich in weitem Umkreise eine liebliche Ebene hin. Zwei Flüsse[2]) haben an den Abhängen desselben ihre Wiege. Beide durchströmen, der eine in mannigfachen Windungen, der andere in gerader Richtung, lachende, von kleineren Gewässern durchschnittene Gefilde, bis sie, in einem Bette vereinigt, gemeinsam weiterwogen und endlich in den Schofs des Meeres sich ergiefsen, indem sie auf ihrem Laufe bald

---

[1]) In der Bibel wird der Name des Berges nicht genannt; daher stand es dem Dichter frei, einen beliebigen, seiner Phantasie am meisten zusagenden Berg zu wählen. Nach der vorliegenden Schilderung gehört derselbe dem armenischen Hochlande an.

[2]) D. s. der Euphrat und Tigris.

zwischen fruchtbaren Getreidefeldern, grünen Olpflanzungen, reizenden Rebenhügeln, Triften und Höhen, auf denen zahlreiche Herden weiden, dahinfliefsen, bald grofse, hochgetürmte Städte, die Sitze mächtiger Herrscher, mit ihren Wellen bespülen, hie und da auch öde, quellenlose Steppen durcheilen:

With that (such power was given him then), he took etc.
(Par. Reg., III. 251—264.)

Mit wahrhaft erhabener Pracht und sinnlicher Frische wird im vierten Buche das überwältigende Schauspiel einer Gewitternacht geschildert. Die Sonne ist zur Rüste gegangen, und die blassen Schatten der Dämmerung sinken friedlich nieder, bis die hereinbrechende Nacht die Erde in völliges Dunkel hüllt. Jesus, vom Versucher in der Wüste zurückgelassen, begiebt sich, obgleich hungrig und frierend, getrosten Muts unter den dicht verflochtenen Zweigen eines laubigen Gebüsches zur Ruhe. Der Teufel jedoch stört den Schlafenden durch böse Träume und versucht ihn durch die entfesselten Kräfte der Natur zu schrecken. Furchtbarer Donner rollt von allen Seiten. Bald rauscht der Regen in gewaltigen Strömen herab, und aus manchem grausen Spalt des Wolkenmeeres schiefsen zuckende Blitze zur Erde nieder — ein gährendes Gemisch von Wasser und Feuer. Wind und Sturm brechen auf allen Seiten los und überfallen brausend und sausend die geplagte Wildnis, deren höchste Fichten und stärkste Eichen ihren steifen Nacken biegen müssen und zum Teil sogar entwurzelt werden. Aber während alles vor der ungeheueren Gewalt dieses grofsartigen Naturdramas sich ohnmächtig beugt, bleibt der Sohn Gottes an seinem wenig schützenden Orte unerschüttert. Noch folgt eine Vergröfserung des Schreckens. Höllische Geister und wilde Furien umringen den Obdachlosen; sie heulen, schreien, kreischen und zielen mit ihren Flammenpfeilen nach ihm, den seine Ruhe und sein Seelenfriede nicht verläfst. Unter solchen Erscheinungen vergeht diese furchtbare Gewitternacht, bis der Morgen dämmert [1]) und das Unwetter nachläfst. Das Rollen des Donners wird immer ferner, die dichten Wolken beginnen sich zu zerteilen, die Winde samt jenem Geisterspuke legen sich, und die hell leuchtende Sonne erheitert das Antlitz der Erde. Bald haben die wärmenden Strahlen des Tagesgestirns das Nafs von Bäumen und Büschen getrocknet, und die Vögel, welche nach einer so stürmischen Nacht jetzt die Natur frischer und grüner erblicken, begrüfsen den lieblich lächelnden Morgen mit ihrem herrlichen Gesange in Busch und Zweig:

> Darkness now rose, etc.
> (Ibid., IV. 397—438.)

V.

In enger Verbindung mit der soeben erörterten Art poetischer Naturbehandlung steht diejenige, welche wir als die **geo-topographische** bezeichnen wollen; denn als Erd- und Ortsbeschreibung erscheint hier die dichterische Verwendung der äufseren Erscheinungswelt.[2]) Obgleich diese Schilderungen, wie sich dies leicht erklären läfst, zum

---

[1]) Der Dichter schildert hier den anbrechenden Morgen als einen im grauen Mantel nahenden Pilger. Eine ähnliche Personifikation findet sich im „Comus", wo der grauverkappte Abend gleich einem ernst gestimmten Büfser im Pilgerkleide von den Hinterrädern des untersinkenden Sonnenwagens emporsteigt:
> They left me then when the grey-hooded Even, etc.
> (Comus, 188—190.)

Bei dieser Gelegenheit sei noch eines anderen schönen Bildes im „Comus" gedacht, wo der Morgen als ein plauderhafter Späher dargestellt wird, der auf Indiens steiler Höhe aus dem Osten hervorschaut, um das, was während der Nacht geschehen ist, zu entdecken und der Sonne zu offenbaren:
> Ere the blabbing eastern scout, etc.
> (Ibid., 138—142.)

[2]) Wenngleich in diesen Schilderungen ebenfalls beschreibende Dichtung vorliegt, so halten wir uns doch für berechtigt, dieselben als selbständige Abteilung aufzuführen.

grofsen Teile ein nüchternes und frostiges Gepräge, wie auch mitunter ein unnötiges Gepränge von Gelehrsamkeit zeigen — manchmal bestehen dieselben auch nur aus tabellarischen Aufzählungen volltönender und wohlklingender Eigennamen —, so hat doch die poetische Darstellung zuweilen auch in vorzüglicher Weise die Oberhand über die schwer zu verdauende Fülle geographischen Stoffes und eingewobenen historischen Wissens gewonnen.

Eine poetische Aufzählung englischer Flüsse vom Tweed bis zur Themse findet sich in dem frühen Gedichte "At a Vacation Exercise in the College":

> Rivers, arise: whether thou be the son etc.
> (91—100.)

Auch möchten wir hierher aus jenem lateinischen Gedichte, in welchem Milton den kränklichen, italienischen Freund Salzilli bemitleidet, eine Stelle rechnen, die mythisch-topographische Anspielungen auf Rom und dessen Umgebung enthält. In derselben fordert der englische Dichter die Eichenhaine des Faunus und die Weinhügel des Evander auf, dem Leidenden ein Heilmittel zu bringen, wenn ein solches in ihren Thälern grünt. Wiederhergestellt, wird jener alsdann die benachbarten Wiesen durch seinen lieblichen Gesang entzücken, so dafs Numa, der hier angesichts seiner Gattin Egeria in einem schattigen Haine ein ewig beschauliches Leben führt, sich über diesen Gesang wundern und selbst der hierdurch besänftigte Tiber den Lauf seiner Fluten bis dorthin, wo sich dieselben bei dem Tempel des Portunus in das Meer ergiefsen, besser zügeln wird:

> Querceta Fauni, vosque rore vinoso etc.
> (Ad Salsillum, 27—41.)

In einem anderen Gedichte erklärt Milton, nachdem er seine Absicht, ein Epos in seiner Muttersprache zu schreiben, angedeutet hat, voll feurigen Schwunges, dafs es ihm genügender Lohn und hinreichend erwünschter Ruhm sei, wenn ihm — sollte er auch immer dem Auslande fremd und unbekannt bleiben — an den Flüssen und Küsten seines Vaterlandes Beifall gespendet werden würde:

"Mi satis ampla" etc.
(Epit. Damon., 172—178.)

In wohlklingenden Versen, die zugleich als ein Zeugnis Milton'scher Gelehrsamkeit gelten können, werden im „Verlorenen Paradiese" die Hauptführer der gestürzten Engel nach dem Sitze ihrer Verehrung beschrieben.[1]) Wir lassen sie hier nacheinander folgen.

Moloch:

Him the Ammonite etc.
(Par. Lost, I. 396—405.)

Chemos:

Next Chemos, the obscene dread of Moab's sons, etc.
(Ibid., I. 406—418.)

Astarte:

With these in troop etc.
(Ibid., I. 437—443.)

Thammuz:

Thammuz came next behind, etc.
(Ibid., I. 446—452.)

Dagon:

— — — yet had his temple high etc.
(Ibid., I. 463—466.)

Rimmon:

Him followed Rimmon, whose delightful seat etc.
(Ibid., I. 467—469.)

Endlich Belial, der überall herrscht, wo die Menschen schwelgen und freveln, wie dies Sodom und Gibea bezeugen:

Witness the streets of Sodom, and that night etc.
(Ibid., I. 503—505.)

Aufser diesen orientalischen Gottheiten werden noch die der Griechen und Römer kurz vorgeführt. Von dem Bereiche ihrer Verehrung sagt der Dichter:

These, first in Crete etc.
(Ibid., I. 514—521.)

---

[1]) Dieselben treten als die später auf der Erde angebeteten Götter der Heiden auf.

Die geographische Lage Edens, in dessen östlichem Teile nach der Bibelüberlieferung — Milton folgt dieser Ansicht — der Garten Gottes sich befand, wird folgendermafsen geschildert:[1)]

> For blissful Paradise etc.
> (Ibid., IV. 208—214.)

Sieben Tage und Nächte umkreist Satan die Erde, immer auf ihrer dunklen Seite sich befindend; und zwar zieht er dreimal um den Äquator, indem er mit der Nacht von Osten nach Westen sich bewegt, und viermal nimmt er seinen Weg von Pol zu Pol:

> Thence, full of anguish, driven, etc.
> (Ibid., IX. 62—66.)

Diese Wanderungen Satans werden noch durch das folgende geographische Bild erläutert:

> Sea he had searched and land, etc.
> (Ibid., IX. 76—82.)

Auch mag die Schilderung des nach dem Sündenfalle entstehenden Widerstreites der Winde hier einen Platz finden. Von den nördlichen Gegenden her brechen Boreas, Cäcias, Argestes und Thrascias, begleitet von Schnee und Hagel, aus ihrem ehernen Kerker los, die Wälder umreifsend und die Meere aufwühlend. Ihnen wehen aus Süden Notus und Afrikus mit schwarzen Donnerwolken entgegen. Quer durch diese hin stürzen gleich ungestüm der Wind aus Osten, Eurus, und der aus Westen, Zephyr, während seitwärts Scirocco und Libecchio wild heulen:

> Now from the north etc.
> (Ibid., X. 695—706.)

Miltons Neigung zu geographischen Schilderungen tritt recht deutlich in der kleinen, dem elften Buche des „Ver-

---

[1)] Da die Landschaft Eden sich von Hauran, dem syrischen Gebiete südlich von Damaskus, ostwärts bis zu der ehemals blühenden Stadt Seleucia am Tigris oder auch bis zu dem einstigen Telassar erstreckte, so war dieselbe also im heutigen Syrien und Mesopotamien gelegen. Die Grenzen im Norden und Süden sind nicht angegeben.

lorenen Paradieses" eingeflochtenen Erdbeschreibung hervor. Vor der Vertreibung aus dem Paradiese läfst nämlich der Erzengel Michael Adam die grofse, panoramatische Pracht der Aussicht vom höchsten Gipfel des Gartens aus geniefsen, indem derselbe klar und deutlich die ganze Halbkugel der Erde mit ihren Reichen und Städten, von denen viele durch mächtige Herrscher berühmt geworden sind, überschaut. Zunächst wendet sich sein Auge dem Norden zu: er erblickt die Tartarei mit ihrer Hauptstadt Cambalu und das Gebiet von Turkestan, namentlich die Grofs-Bucharei mit Samarkand. Von da wendet sich sein Blick nach dem Osten, nach China, springt dann südlich nach Vorderindien, um hierauf wieder ostwärts bis zur Halbinsel Malakka vorzuschweifen. Im Westen Asiens endlich fafst er Persien mit Ekbatana, jener alten Hauptstadt des Mederreiches, und der ehedem so herrlichen Weltstadt Ispahan ins Gesicht. Sodann ist sein Auge auf das alte Zarenreich mit seiner Metropole Moskau und auf das Land der Osmanen samt seiner Hauptstadt Konstantinopel gerichtet.[1]) Weiter südwärts sieht er Abyssinien und alle die kleineren, an der Ostküste Afrikas gelegenen Reiche — Mombaza, Quiloa, Melinda und Sofala —, sowie auch die Westküste dieses Erdteils mit ihren Flüssen und Landschaften und die Atlasländer im Norden. Nachdem weilt sein Auge noch auf Europa, dessen der Dichter nur mit einem Blicke auf das weltbeherrschende Rom gedenkt,[2]) um wohl im Geiste jenseit des Atlantischen Oceans schliefslich auch Amerika zu schauen, wo namentlich Mexiko, Peru und Guiana ihm in die Augen fallen:

It was a hill etc.
(Ibid., XI. 377—380, 385—411.)

Im zwölften Buche schildert Michael — nur er kann dasselbe sehen — dem Adam den Auszug Abrahams aus seinem Vaterhause nach dem Lande Kanaan: wie er mit seinem Gesinde und seinen Herden die heimatlichen Fluren

---
[1]) Milton rechnet diese beiden Länder zu Asien.
[2]) Jedenfalls, weil dieser Erdteil genug bekannt war.

von Ur in Chaldäa verläfst, wie er bei einer Furt den
Euphrat überschreitet und nach Haran gelangt, und wie
er sodann seine Reise weiter nach Westen fortsetzt, bis
er das Land Kanaan erreicht hat und sich bei Sichem auf
der Ebene von More ansiedelt:

"I see him, but thou canst not, with what faith" etc.
(Ibid., XII. 128—137.)

Hier erhält derselbe — so fährt der Erzengel in
seiner Erzählung fort — von Gott die Verheifsung, dafs
ihm und seinen Nachkommen dieses eben betretene Land
zufallen soll. Milton hat diese Gelegenheit benutzt, einen
sehr genauen, dichterischen Überblick von der Ausdehnung
dieses Gebietes einzuweben:

"There, by promise, he receives" etc.
(Ibid., XII. 137—146.)

Eine kleine, geographische Skizze giebt der Dichter
im „Wiedergewonnenen Paradiese", als die Jünger, besorgt
wegen des rätselhaften Verschwindens Christi, diesen überall
vergeblich suchen:

Therefore, as those young prophets then with care etc.
(Par. Reg., II. 18—24.)

Von vielen schön klingenden Namen durchwirkt ist
die Schilderung jener Reiche der Erde, die Satan dem
Messias von einem hohen Berge aus zeigt.[1]) Die Zahl
dieser Namen wird noch dadurch vermehrt, dafs Milton
mit grofser Geschicklichkeit ein im ganzen richtiges,
historisch-politisches Bild aus der Zeit, wo die Parther
im Osten und die Römer im Westen miteinander wett-
eiferten, alle anderen Völker sich zu unterwerfen, eingeflochten hat.

Der Versucher läfst den Sohn Gottes zunächst den
Osten überschauen. Seinen Augen stellt sich das Assy-
rische Reich mit den Grenzen, welche es zur Zeit seiner
gröfsten Macht und Ausdehnung besafs, dar: dem Flusse
Araxes und dem Kaspischen See im Norden, dem Indus

---

[1]) Vgl. S. 99.

im Osten, dem Euphrat im Westen, dem Persischen Golfe und dem Wüstenlande Arabiens im Süden. Zugleich macht ihn der Teufel aufmerksam auf die sich hier findenden berühmten Städte, wie auch auf die mit denselben eng verbundenen, geschichtlichen Persönlichkeiten und Ereignisse. Hier zeigt er ihm das angeblich von dem sagenhaften Ninus am Tigris erbaute Ninive, dort am Euphrat das ebenso alte Babylon, wie auch Persepolis, die Hauptstadt des alten Perserreiches, und Baktra. Ferner weist er ihn hin auf Ekbatana in seiner weiten Ausdehnung, auf Hekatompylos mit seinen vielen Thoren und auf das am Choaspes gelegene Susa. Hierauf lenkt Satan den Blick des göttlichen Betrachters auf jüngere, aber nicht minder grofse und reiche Städte, erbaut von den Macedoniern oder Parthern, so auf Seleucia am Tigris, Nisibis, Artaxata, Teredon und Ktesiphon. Ueber alle diese Städte herrsche der Parther bereits Jahrhunderte lang, seitdem der grofse Arsaces dieses Reich gegründet habe:[1)]

To this high mountain-top the Tempter brought etc.
(Ibid., III. 265 f., 269—297.)

Die Zeit ist von Satan günstig gewählt, um dem Messias die grofse Macht der Parther vor Augen zu führen; denn soeben hat ihr König sein ganzes Heer in Ktesiphon versammelt, um die Scythen zu bekämpfen, welche in Sogdiana eingefallen sind. Aus den Thoren der Stadt Ktesiphon sieht Jesus diese unzähligen Scharen kriegerisch gerüsteter Kämpfer, die Blüte und den Kern der verschiedensten Provinzen, herausziehen:

He looked, and saw what numbers numberless etc.
(Ibid., III. 310—321.)

Indem Satan ferner von der Westseite des Berges aus den Messias die Landschaft Latium schauen läfst, hat Milton eine aufserordentlich schöne, dichterische Schilderung von dem kaiserlichen Rom in seiner Pracht und Herrlichkeit gegeben. An den Ufern des Tiber ragt auf sieben

---

[1)] Dies geschah im Jahre 250 v. Chr.

Hügeln die riesige Weltstadt, geschmückt mit Türmen, Tempeln, Palästen, Säulenhallen, Theatern, Bädern, Aquädukten, Statuen, Trophäen, Triumphbogen nebst dazwischenliegenden Gärten und Hainen empor:

> He brought our Saviour to the western side etc.
> (Ibid., IV. 25—39.)

Welch ein Anblick bietet sich Jesu dar, dem der Versucher dieses und jenes noch besonders erklärt! Vom tarpejischen Felsen erhebt das alles überragende Kapitol sein stattliches Haupt; dort auf dem Palatinischen Berge steht die umfangreiche Kaiserburg, welche mit ihren glänzenden Zinnen und Spitzen weithin sichtbar ist und von vielen anderen Prachtgebäuden umgeben wird. Überall auf den Strafsen herrscht reges Leben, geschäftiges Treiben, und — hier ist wiederum ein geographisches Namensverzeichnis eingefügt — an den Thoren drängt sich die Menge der nach den Provinzen Eilenden und der aus fernen Gegenden Zurückkehrenden:

> And now the Tempter thus his silence broke: — etc.
> (Ibid., IV. 43—79.)

Noch ein anderes entzückendes Bild, das dem vorhergehenden an Schönheit nicht nachsteht, läfst Satan vor dem Messias auftauchen. In reiner Luft erblickt er auf lichten Fluren die Musenstadt Athen, den Sitz berühmter Denker und Sänger, mit dem nahen, schattigen, vom Gesange der Nachtigall durchtönten Haine der Akademie, dem blumenreichen, von summenden Bienen umschwärmten Berge Hymettus, dem murmelnden und flüsternden Ilissus und den Schulen grofser Philosophen:

> "Look once more, ere we leave this specular mount", etc.
> (Ibid., IV. 236—253.)

VI.

Wir wenden uns nunmehr der mystischen Darstellung der Natur zu, durch welche der Dichter die Welt von ihrer in geheimnisvolles Dunkel gehüllten, keinen erforschbaren Gesetzen unterworfenen Seite schildert. Gleichsam einen Einblick in das geheime Leben und Walten der Natur hat Milton in der Gelegenheitsdichtung "Arcades" geschildert, indem er dort die täglichen Beschäftigungen des Waldgenius aufzählt. Dieser lebt in dem Schatten der Eichen, um die schlanken Bäume zu nähren, die grünen Rasen und die von denselben eingeschlossenen, schattigen Gänge geschmackvoll zu gestalten, die Pflanzen vor schädlichen Winden und Dünsten zu schützen, bösen Tau von den Zweigen zu entfernen, den Schaden, welchen der zickzackige Blitzstrahl, der unheilvolle[1]) Saturn oder der verderbliche Giftwurm verursachen, wieder gut zu machen, bei Anbruch des Abends durch das ganze ihm heilige Waldgebiet zu schweifen und früh am Tage, ehe noch der duftende Morgenhauch die schlummernden Blätter aufweckt, oder bevor die Töne des Hornes das hohe Dickicht durchdringen, Ranken und Spröfslinge zu mustern:

> For know, by lot from Jove, I am the Power etc.
> (Arc., 44—60.)

Tief in der Nacht, wenn Müdigkeit und Schlaf des Menschen Sinn verschlossen hält, lauscht dieser Waldgenius, den zu dieser Zeit seine Pflicht nicht in Anspruch nimmt, „der Harmonie der himmlischen Sirenen"; denn auf den neun umschlungenen Sphären thronend, singen die Musen den Schicksalsgöttinnen, welche, mit der Todesschere in der Hand, die diamantene Spindel drehen, um die das Los der Götter und Menschen sich windet. Den Sterblichen mit ihrem ungeläuterten Ohre ist es jedoch nicht vergönnt, diese himmlischen Töne zu vernehmen:

> But else, in deep of night, when drowsiness etc.
> (Ibid., 61—73.)

Für die mystische Vorstellung von einer Sphärenmusik scheint Milton überhaupt eine gewisse Vorliebe

---

[1]) Nach astrologischer Anschauung.

gehabt zu haben. Schon in der Ode auf die Geburt Christi singt er:

Ring out, ye crystal spheres! etc.[1]
(On the Morn. of Christ's Nat., 125—132.)

Ausführlich handelt Milton über diese vermeintliche Sphärenmusik in dem Gedichte "At a Solemn Music", wo er darlegt, dafs die Menschen infolge des Sündenfalles jene überirdischen, melodischen Klänge nicht mehr zu hören vermögen, und er deshalb sehnsüchtig den paradiesischen Zustand der Unschuld zurückwünscht:[2]

Blest pair of Sirens, pledges of Heaven's joy, etc.
(1—28.)

In sinnreicher Weise fafst Milton im „Verlorenen Paradiese" die Natur als ein selbstlebendes Wesen auf, das dem gefallenen Menschen ein geheimnisvolles Mitgefühl entgegenbringt.

Nachdem die erste Sünde vollbracht ist, fühlt die Erde jene Wunde, und die Natur seufzt laut in ihrem ganzen Baue vor Schmerz, dafs alles nun verloren ist:

Earth felt the wound, and Nature from her seat, etc.
(Par. Lost, IX. 782—784.)

Als Adam sich durch Eva hat verleiten lassen, ebenfalls von der verführerischen Frucht zu essen, erbebt die Erde in ihren innersten Tiefen wie vor Schmerz; die Natur erdröhnt ein zweites Mal seufzend, und der Himmel verfinstert sich, indem er unter dumpfem Donner Thränen seiner Trauer wegen der Vollbringung dieser ersten Sünde weint:

Earth trembled from her entrails, as again etc.
(Ibid., IX. 1000—1004.)

Noch andere Folgen des Sündenfalles stellen sich ein.

---

[1] Der Dichter begnügt sich in der vorliegenden, wie auch in der vorhergehenden Stelle mit neun Sphären, während das vollständig entwickelte ptolemäische System deren zehn zählt.

[2] Derselbe Gegenstand bildet auch das Thema des seiner Studentenzeit angehörigen rhetorischen Versuches „De Sphaerarum Concentu".

Sünde und Tod, welche nach der Erde eilen, um sich auf ihre Beute, die Schöpfung, zu stürzen, hauchen unterwegs ihr Gift aus, so dafs die Gestirne Verdunkelung erleiden :

> They with speed etc.
> (Ibid., X. 410—414.)

Adam klagt die ganze stille Nacht hindurch, die nicht mehr, wie vor dem Falle, mild und erquickend, sondern düster und feucht ist, und deren unheimlich grausenhafte Dunkelheit seinem bösen Gewissen alle Dinge doppelt schrecklich erscheinen läfst:

> Thus Adam to himself lamented loud etc.
> (Ibid., X. 845—850.)

Schon glaubt Adam, der indessen wieder neue Hoffnung geschöpft hat und Eva gegenüber erklärt, dafs Gottes Milde sie fortan gegen die wechselnden Witterungserscheinungen schützen werde, in der Natur die Symptome einer rauhen Jahreszeit zu erkennen:

> "[God will teach us] by what means to shun" etc.
> (Ibid., X. 1062—1067.)

Eva, obgleich ihrer Sünde sich bewufst, erwartet, mit Adam nicht aus dem Paradiese verbannt zu werden; aber die Natur giebt böse Vorzeigen. Nach einem kurzen Morgenrot umwölkt sich der blaue Himmel, so dafs es ungewöhnlich dunkel wird; vor Evas Blicken schiefst plötzlich ein Adler aus hohem Fluge in der Luft hernieder und treibt zwei bunt gefiederte Vögel vor sich hin; ein Löwe hetzt einen Hirsch samt Hindin von einem Hügel herab nach dem auf der östlichen Seite des Paradieses gelegenen Gartenthore zu:

> So spake, so wished, much-humbled Eve; but Fate etc.
> (Ibid., XI. 181—190.)

Adam seinerseits sieht in diesen stummen Zeichen der Natur die Vorboten von Gottes Ratschlufs. Er täuscht sich nicht. Gar bald erblickt sein Auge am Westhimmel, dem

dunklen Osten gegenüber, ein strahlend weifses Licht, das
langsam zur Erde niederschwebt: [1])
"O Eve, some further change awaits us nigh," etc.
(Ibid., XI. 193—195, 201—207.)

VII.

Wenn die mystische Auffassung der Natur es vornehmlich mit Gebilden der Phantasie zu thun hat, ohne dafs der forschende Geist den inneren Zusammenhang der dadurch vorgeführten rätselhaften und wunderbaren Erscheinungen zu ergründen vermag, so ist die wissenschaftliche Betrachtung derselben das Werk des Verstandes und der Vernunft, indem der Dichter auf dem Wege positiven Wissens und auch übersinnlicher Spekulation das Wesen und Wirken der Natur zu erfassen und darzulegen sucht. Die hierher gehörigen Schilderungen Miltons sind philosophischen und astronomischen Inhaltes.

In geistreichen, lateinischen Versen weist der zwanzigjährige Dichter die damals immer und immer wieder auftauchende Behauptung, dafs „die Natur unter dem Gesetze zunehmender Erschlaffung stehe", zurück:

Ergone marcescet sulcantibus obsita rugis etc.
(Nat. non pati Sen., 8—12.)

Mit schwungvollen Worten, in denen zugleich ein festes Vertrauen auf die göttliche Vorsehung zum Ausdrucke kommt, legt er weiter unten dar, wie das Primum Mobile — in diesem Jugendgedichte ist Milton noch Anhänger des ptolemäischen Systems — und die von diesem in Bewegung gesetzten anderen Sphären noch immer genau in denselben Bahnen wandeln, wie die „Elemente" mit ihren mannigfachen

---

[1]) In diesem strahlenden Gewölk naht der Erzengel Michael mit einer Schar Cherubim dem Paradiese, um das sündige Menschenpaar aus dem von ihnen entweihten Garten zu vertreiben. Vgl. Par. Lost. XI. 208 ff.

Wirkungen und Erscheinungen noch die alten sind, wie die Erde immer noch ihre ursprüngliche, volle Kraft besitzt, mit einem Worte, wie der im ruhigen Gleichmaſse festgeordneter Gesetze erfolgende Lauf aller Dinge keine Veränderung erleidet, bis einst die Welt durch Feuer vernichtet werden wird:

> At Pater Omnipotens, fundatis fortius astris, etc.
> (Ibid., 33—69.)

Von platonischer Philosophie und zugleich christlicher Religion ist jene Stelle des „Comus" durchtränkt, in welcher der ältere Bruder dem jüngeren erklärt, daſs sittliche Reinheit und steter Umgang mit den Himmlischen den Körper des Menschen allmählich zur Substanz der Seele umwandeln und ihn unsterblich machen, während durch rohe Sinnlichkeit der Geist selbst verkörpert und vertiert — materiell wird und sein früheres göttliches Wesen ganz verliert:

> So dear to Heaven is saintly chastity etc.
> (Comus, 453—469.)

Zahlreiche gelehrte Abschweifungen und Einschaltungen des Dichters finden sich im „Verlorenen Paradiese."

So läſst er den Mond von Wesen bewohnen, die eine Mittelstufe zwischen den Engeln und den Menschen bilden:

> Those argent fields more likely habitants, etc.
> (Par. Lost, III. 460—462.)

Kurz darauf erfahren wir, daſs der Lauf der Gestirne dem Menschen zur Einteilung der Zeit dient und daſs diese Himmelskörper auf ihren verschiedenen Bahnen sich um die allerfreuende Sonne bewegen, von welcher sie nicht nur angezogen, sondern auch erwärmt und belebt werden:

> They, as they move etc.
> (Ibid., III. 579—587.)

Als ferner der Erzengel Uriel dem Satan unter den verschiedenen Sternen die Erde mit dem lieblichen Sitze der ersten Menschen zeigt, macht er ihn bei dieser Gelegenheit auf die Bedeutung der Sonne und insbesondere auch auf die des Mondes für die Erde aufmerksam:

"Look downward on that globe, whose hither side" etc.
(Ibid., III. 722—732.)

Auch die beiden Erstlinge der Menschheit erörtern in einem Abendgespräche ähnliche Gedanken. Als Eva an Adam die Frage gerichtet hat, zu welchem Zwecke die Sterne dasind und in der Nacht, wo doch die lebenden Wesen schlafen, leuchten, antwortet jener, dafs diese um die Erde wandeln, um den verschiedenen Teilen derselben regelmäfsig Licht zu bringen und einen wohlthuenden Einflufs auf alles Wachstum auszuüben:

To whom our general ancestor replied: — etc.
(Ibid., IV. 659—675.)

Die im „Comus"[1]) gleichsam noch im Keime schlummernde Ansicht über das Verhältnis der Seele zum Körper finden wir als voll entwickelte Blüte im fünften Buche des „Verlorenen Paradieses" wieder.

Durch den Mund Raphaels giebt der Dichter zunächst eine Skizze von der Physiologie der Ernährung, indem er hierbei Erde, Wasser, Luft und Gestirne in Betracht zieht. Der Engel spricht zu Adam:

"For know, whatever was created needs" etc.
(Ibid., V. 414—426.)

Hierauf legt Milton, wenn auch nur kurz, seine philosophische Weltanschauung dar.[2]) Nachdem derselbe, an die Religion anknüpfend, den Grundsatz aufgestellt hat, dafs von dem Allmächtigen alles kommt und zu ihm alles zurückkehrt, wenn es nicht entartet, erörtert er diese Behauptung vom metaphysischen Standpunkte aus. Die

---

[1]) Vgl. S. 113.

[2]) Obgleich diese Anschauung dem Engel Raphael in den Mund gelegt wird, so müssen wir sie doch als Miltons eigene Ansicht hinstellen, da er dieselbe in seinem lateinischen Traktate „De Doctrina Christiana" noch ausführlicher und bestimmter geäufsert hat.

Dinge, sagt er, sind aus einer Urmaterie hervorgegangen,[1]) welche alle Formen der Erscheinungswelt in sich hat. Alle Einzelwesen, obgleich nicht absolut, so doch in ihrer Art vollkommen, bilden eine stufenweise Aufeinanderfolge vom Unteren zum Höheren, und zwar sind dieselben, je näher sie Gott stehen, oder je mehr sie durch das ihnen innewohnende Streben, sich in immer höhere Formen zu verwandeln, jenem nahe kommen, desto feiner und reiner, bis sie sich auf ihrer höchsten Stufe ihren graduellen Unterschieden gemäfs zum Geiste erheben. So keimt aus dem Samenkorn der Stengel hervor, diesem entspriefsen wiederum die Blätter, bis endlich die prächtige Blüte und gereifte Frucht duftigen Geist aushauchen. Durch den Genufs von Blüte und Frucht aber gelangt der Mensch stufenweise in den Besitz seiner vitalen und intellektuellen Kräfte, die sich bei den Engeln noch zu einem höheren Grade emporringen, zu den intuitiven Kräften, vermöge deren jene himmlischen Geister nicht erst, um die Wesenheit der Dinge zu erkennen, nötig haben zu forschen und zu urteilen, sondern dieselbe unmittelbar wissen:

"O Adam, one Almighty is, from whom" etc.
(Ibid., V. 469—490.)

Indem so der Dichter die Dinge aus der Materie entstehen läfst und hierbei den allmählichen Übergang vom Körperlichen zum Geistigen an den Entwickelungs- und Umbildungsprozessen der stillschaffenden Naturkraft veranschaulicht, andrerseits aber ein ewiges, durch sich selbst existierendes Wesen, das er Gott nennt, als den Urgrund aller Dinge anerkennt, vertritt er eine Art dualistischen Materialismus. —

Eine kleine, astronomische Studie findet sich am Eingange des achten Gesanges, indem dort die Hauptpunkte der ptolemäischen und der kopernikanischen Theorie vom

---

[1]) Schon früher (vgl. S. 93 f.) haben wir gesehen, wie Milton bei Schilderung der Schöpfung durchaus nicht annimmt, dafs die Welt aus nichts geschaffen sei, sondern wie er dieselbe aus Materie bilden läfst.

Weltall zum Gegenstande einer besonderen Erörterung zwischen Adam und Raphael gemacht werden.

Der Dichter läfst zunächst Adam die Bedenken vortragen, welche in ihm erregt werden, wenn die Erde stillstehen soll, während die übrigen Gestirne diese kleine, dunkle Kugel umkreisen, um derselben ihr Licht zu spenden, obgleich es ihm allerdings so scheint, als ob jene viel edleren und gröfseren Weltkörper nur der Erde halber geschaffen seien:

"When I behold this goodly frame, this World," etc.
(Ibid., VIII. 15—37.)

In seiner weitschweifigen Antwort weist der Engel zunächst auf das Anstaunen des Unbegreiflichen und Geheimnisvollen in der Natur hin und erklärt, dafs es für den Menschen nicht von grofser Wichtigkeit sei zu wissen, ob der Himmel oder die Erde sich bewege. Dies und noch so manches andere für den Menschen Wunderbare halte der grofse Weltenmeister absichtlich und weislich verborgen, wobei der Dichter Veranlassung nimmt, durch Raphaels Mund das ptolemäische System mit seinen verschiedenen Hilfsmitteln, deren sich die Anhänger des Ptolemäus zur Lösung der offenbaren Schwierigkeiten in ihrem Systeme bedienten, zu bekritteln. Sodann geht der Engel auf die Gründe von Adams Zweifel selbst ein. Vermittelst der moralischen Erwägung, dafs Gröfse und Glanz keineswegs auch Vorzüglichkeit einschliefsen müssen, legt er ihm dar, dafs die Erde, obgleich klein und glanzlos, mehr Gutes enthalten könne als grofse, hell scheinende Himmelskörper. Überdies seien jene Leuchten weniger für die Erde als deren Bewohner da, denen das unendliche Weltall des Schöpfers Gröfse und Erhabenheit, Macht und Weisheit verkünde und sie gleichzeitig ihre eigene Niedrigkeit und Abhängigkeit von jenem lehre. Endlich sucht er ihn auf den richtigen Weg zu bringen, indem er, die von Adam nur angedeuteten Ideen aufnehmend und weiter ausführend, erklärt, dafs auch die Sonne den unbeweglichen Mittelpunkt des Weltalls bilden könne, um welchen die übrigen Sterne, oder sagen wir richtiger die Erde und die übrigen Planeten, vermöge der gegenseitigen Anziehungskraft — Milton deutet hier gleichsam mit prophetischer Genialität schon auf das von Newton entdeckte Gravitationsgesetz hin — in verschiedenen Bahnen wandeln. Die Bewegung der Erde, welche, wie wir gesehen haben, Adam nicht für unmöglich hält, wird hierbei vom Erzengel zu einer dreifachen erweitert. Nachdem Raphael in dem ferneren Verlaufe des Gespräches seine jetzt zum Teil als falsch erwiesenen Ansichten über die Natur und den Zweck des Erdenmondes kundgegeben [1]) und noch auf andere Monde, die ihre „Sonnen"[2]) stets begleiten, hingewiesen hat, wiederholt er am Schlusse seiner Rede kurz die Hauptpunkte ihrer beiderseitigen Erörterungen, indem er gleichzeitig Adam den Rat giebt, nicht solchen verborgenen Dingen nachzuforschen, sondern sie Gott zu überlassen, denselben zu fürchten und das Leben schuldlos zu geniefsen :[3])

"To ask or search I blame thee not; for Heaven" etc.
(Ibid., VIII. 66—178.)

---

[1]) Vgl. auch S. 114 (Par. Lost, V. 419—422).

[2]) Es sind wohl Jupiter und Saturn gemeint, deren Trabanten von Galilei entdeckt wurden.

[3]) Es ist kein Zweifel, dafs dieses Gespräch zwischen Adam und Raphael eng mit Miltons astronomischer Anschauung zusammenhängt. Adam scheint durch eigenes Nachdenken bei der kopernikanischen Theorie angelangt oder doch wenigstens von der gröfseren Wahrscheinlichkeit derselben überzeugt zu sein. Der himmlische Bote andrerseits antwortet auf Adams Fragen in zweifelnder und zuweilen in recht unbestimmter Weise, um ihm eben, indem er die Grundzüge des kopernikanischen Systems darlegt, nur die Möglichkeit dieser seiner Ansicht zu verstehen zu geben. So werden unentschieden das alte und das neue astronomische System nebeneinander gestellt. Dies können wir nach dem damaligen Stande der Astronomie nicht anders erwarten; denn das kopernikanische System hatte zu Miltons Zeit das ptolemäische noch nicht völlig verdrängt, ja das letztere blieb bis Ende des siebzehnten Jahrhunderts noch vorherrschend. Indessen wird man wohl annehmen dürfen, dafs der Dichter von der gröfseren Wahrscheinlichkeit der kopernikanischen Theorie überzeugt war, wenn er auch aus poetischen Gründen seine Kosmologie auf das ptolemäische System gegründet hat. (Näheres s. Stern, a. a. O. Teil II, Buch IV, S. 89 ff.) Übrigens ist das letztere nicht überall im „Verlorenen Paradiese" zu strenger Durchführung ge-

Auch gehören in die Reihe der wissenschaftlichen Schilderungen die grofsen Veränderungen, welche die Natur durch den Sündenfall erleidet. Nachdem durch Christus der Urteilsspruch über den höllischen Verführer und das Menschenpaar verkündigt worden ist, ordnet der Allmächtige die Schiefe der Ekliptik an und mit ihr den Eintritt brennender Kälte und sengender Hitze.[1]) Die Gestirne mit ihren verschiedenen Stellungen gegeneinander — Milton hat hier den astrologischen Glauben seiner Zeit poetisch verwertet — erhalten ihre Bestimmung, zu welcher Zeit sie schädlichen Einflufs auf die Erde auszuüben haben. Den Winden und Stürmen wird festgesetzt, wann sie, begleitet von Regen, Schnee und Hagel, über Land und Meer dahinbrausen sollen,[2]) und der Donner erhält Befehl, wann er furchtbar durchs finstere Luftgewölbe zu rollen hat. Selbst bei den Tieren machen sich bösartige Veränderungen geltend. Lebten dieselben vor

---

kommen. Der Dichter mag in dieser Hinsicht nicht nur von der Bibel, sondern auch von den kopernikanischen Anschauungen selbst beeinflufst worden sein.

Noch in einer anderen Stelle des „Verlorenen Paradieses" läfst es Milton unentschieden, welches von beiden Systemen das richtige ist:

— — the Sun, now fallen etc.

(Par. Lost, IV., 591—597.)

Das aus Miltons Studentenzeit stammende lateinische Gedicht über den Satz „Naturam non pati senium" dagegen scheint zu beweisen, dafs derselbe in seiner Jugend noch an der ptolemäischen Theorie festhielt. (Vgl. S. 112). Hiermit mag wohl auch zusammenhängen, dafs Milton in mehreren seiner Jugendgedichte die pythagoreische Idee der Sphärenmusik dichterisch verwertet hat. (Vgl. S. 109 f.)

[1]) Bei dieser Gelegenheit erwähnt Milton die beiden berühmten Hypothesen, nach denen die Neigung der Ekliptik gegen den Äquator und der hiermit zusammenhängende Wechsel der Jahreszeiten erfolgt sein kann. Während hier (Vers 668 ff.) unentschieden gelassen wird, auf welchem dieser beiden Wege jene Neuerung hervorgerufen wurde, wird dieselbe kurz darauf (Vers 688 f.) in Übereinstimmung mit der ptolemäischen Theorie einer Veränderung der Sonnenbahn zugeschrieben.

[2]) Vgl. S. 104.

dem Sündenfalle friedlich mit- und nebeneinander, so geraten sie fortan in wilde Feindschaft, einander bekämpfend, vernichtend, verschlingend im gräulichen Kampfe ums Dasein, und vor den Menschen entweder erschreckt fliehend oder ihn feindlich bedrohend. Mit einem Worte, die irdische Schöpfung wird, wenn auch nicht plötzlich, sondern allmählich,[1]) unparadiesisch:

The Sun etc.
(Ibid., X. 651—691, 706—714.)

VIII.

Zuweilen benutzt Milton die Natur zur bildlichen Beleuchtung der sittlichen Seite des Menschen. Es handelt sich hier um die moralische Auffassung der Natur.

Durch schmeichelnde Worte und sophistische Reden sucht Comus, der Inbegriff des gemeinen Lebensgenusses, der in seine Gewalt geratenen Jungfrau zu ihrem vermeintlichen Glücke zu verhelfen. Er weist sie auf den Reichtum der gütigen Natur hin, die in ihrer verschwenderischen Fruchtbarkeit und üppigen Fülle ersticken würde, wenn die Menschen diese Gaben des Allspenders unbenützt von sich weisen wollten, und er schliefst hieran die Ermahnung, dafs der Segen der Schönheit in dem Genusse des gegenseitigen Liebesglückes beruhe:

Wherefore did Nature pour her bounties forth etc.
(Comus, 710—747.)

Aber die Jungfrau, welche eine ganz andere Ansicht von den Gütern der Natur und ihrer Verteilung hat, weist seine Scheingründe mit tiefem, sittlichem Ernste zurück. Ihr gilt die Natur als eine weise, sparsame Haushälterin, die ihre Gaben nur den Guten und Edlen, welche ein mäfsiges Leben führen und dankend zu ihrem Erhalter im

---

[1]) Vgl. Par. Lost, X. 692 f.

Himmel emporblicken, spendet, nicht aber dieselben den
Wüstlingen zur Vergeudung bestimmt hat:

> Impostor! do not charge most innocent Nature, etc.
> (Ibid., 762—779.)

IX.

Noch bleibt uns die religiöse Behandlung der
Natur übrig, durch welche der Dichter die sichtbare Welt
in Beziehung auf den Urquell alles Erschaffenen schildert.
Die Natur ist nur insofern da, als sie das Werk des ewigen
Gottes ist und den bewundernden, staunenden Menschen
zu frommer Andacht stimmt, zu hoher Begeisterung emporträgt. Gleich dem Psalmisten rühmt der von Satan getäuschte
Erzengel Uriel jenem gegenüber die Wunderbarkeit der
zahllosen Werke Gottes, wie auch die unendliche Weisheit
des Schöpfers selbst:

> "For wonderful indeed are all his works", etc.
> (Par. Lost, III. 702—707.)

An ihrer schattigen Laube stehend und zum Himmel,
an dem des Mondes helle Scheibe und Millionen von
Sternen leuchten, emporsehend, beten Adam und Eva, erfüllt von Eindrücken aus der Natur, in einfachen, kunst-
losen Worten zu Gott. Ihre Abendandacht ist der Aus-
fluſs ihres Glückes und ihrer Dankbarkeit gegen die Güte
des Allmächtigen, der ihnen die Nacht mit dem erquickenden Schlafe geschenkt, der den Tag geschaffen, welchen
sie in gemeinsamer Beschäftigung und gegenseitiger Liebe
verleben, und der ihnen den holden Garten gegeben hat,
zu dessen übergroſsem Reichtume an Früchten sie sich
noch andere mitgenieſsende Menschen wünschen:

> Thus at their shady lodge arrived, both stood, etc.
> (Ibid., IV. 720—735.)

Von tiefem, religiösem Naturgefühle, das den einzelnen Gegenständen der Erscheinungswelt die Sprache des Rühmens und Lobens ihres Schöpfers zuteilt, ist das Morgengebet der ersten Menschen durchglüht. Die Schönheit des heiligen Naturtempels leitet Adam und Eva zum Gedanken an die wunderbare Herrlichkeit des Schöpfers, der oben im Himmel thront und für den Menschen unsichtbar ist, nur dunkel erkennbar in seinen kleinsten Werken, die seine unendliche Macht und Güte verkünden. In frommer Begeisterung fordern beide alle Kreaturen auf, Gott zu preisen: die Engel, die Gestirne, die „Elemente", Nebel und Dünste, die Winde, die Quellen, Bäche und Flüsse, die in der Luft, im Wasser und auf dem Lande lebenden Wesen — sie alle sollen ihren Schöpfer rühmen und Zeugnis ablegen, ob sie, unsere Urahnen, je am Morgen oder Abend schweigen, sei es auf dem Hügel oder im Thale, am Quell oder im Haine. Die Bitte, dafs Gott ihnen stets gütig sein und das Böse, wenn die Nacht solches bringe, von ihnen abwenden möge, beschliefst das Gebet:

> And they thus began: — etc.
> (Ibid., V. 152—208.)

In die kindliche Freude, welche Adam nach seines Daseins erstem Erwachen an der schönen Aufsenwelt bekundet, läfst der Dichter das religiöse Empfinden, die Ahnung des Göttlichen hineinspielen. Indem der Stammvater der Menschheit sich auf Blumenrasen liegend findet, blickt er verwundert und entzückt empor zum blauen Himmel, bis er endlich aufspringt, um über die Schönheit der Erde noch mehr zu staunen. Thäler und Berge, schattige Wälder, sonnige Gefilde, murmelnde Bäche, die Landschaft belebende Tiere — alles in der jugendfrischen Natur lächelt ihm freundlich entgegen und erfüllt sein Herz mit Wonne und Lust. Nachdem er sodann den Blick auf sich selbst gewendet, seinen Körper, sein eigenes Dasein bewundert hat, ruft er das schöne Licht der Sonne, die glänzend frische, grüne Erde mit allem, was ihm von derselben am meisten in die Augen fällt, an, ihm zu sagen, wie er hierher gekommen, ihn zu belehren, wie er seinen Schöpfer — nur ein solcher, grofs an Macht und Güte, vermochte ihn ins Dasein zu rufen — erkennen und verehren kann. Adam selbst schildert dem Engel seines Lebens Anfang:

"As new-waked from soundest sleep", etc.

(Ibid., VIII. 253—282.)

Wir sind am Schlusse unserer Abhandlung angekommen. Aus unseren Darlegungen geht hervor, dafs Milton einen offenen und empfänglichen Sinn für die einzelnen Reize und Schönheiten, Vorgänge und Gegenstände der Natur, sowie für die Erfassung des landschaftlichen Ganzen und insbesondere auch für den grofsen Zusammenhang der gesamten Schöpfung besafs, einen Natursinn, der durch die Schilderung der übersinnlichen Welt neben der sichtbaren noch erweitert, vertieft, gleichsam vergeistigt und verklärt wird. Für Milton ist die Natur eine Fundgrube, aus welcher er als Dichter auf überraschend zahlreichen Wegen immer und immer wieder schöpft; überall umfafst und behandelt er sie mit gleicher Liebe, so verschieden auch die Zwecke sein mögen, um derentwillen er dieselbe in den Dienst poetischer Darstellung treten läfst.

Wir glauben nicht zu irren, wenn wir behaupten, dafs unser Dichter von Hause aus sich zur Natur hingezogen fühlte. Freilich wurde diese seine ursprüngliche Anlage durch die Erziehung, welche er genofs, wenig gefördert. Hat er doch überdies seine früheste Kindheit bis zu seinem siebzehnten Lebensjahre (1608—1625) in der grofsen Weltstadt an der Themse verlebt, die in Bezug auf die Natur nicht sehr anregend auf seine jugendliche Seele wirken konnte. Die sich hieranschliefsenden Universitätsjahre in Cambridge (1625—1632) waren für Milton eine Zeit ernsten, überaus fleifsigen Studiums, obgleich seine dichterische Muse damals schon hübsche Naturschilderungen geschaffen hat. Von der Hochschule begab er sich zu seinen Eltern, die unterdessen London verlassen hatten, um in Horton[1]) ihr Leben in Ruhe zu beschliefsen. Fünf Jahre verbrachte der Sohn, „fern von dem Geräusche der Stadt, in tiefer Einsamkeit"[2]) auf diesem freundlich gelegenen Landsitze, wo er nicht nur seine gelehrten Studien fortsetzte, sondern auch nach geistiger Anstrengung das in Wald und Feld pulsierende Leben belauschte. Hier konnte sein Auge mit liebevollem Blicke auf den höchst abwechselnden Scenen dieser schönen Gegend verweilen, seine Seele in friedlicher Stille tiefe Eindrücke von den Reizen der ländlichen Natur in sich aufnehmen.[3]) Diese glücklichen, wenn nicht glücklichsten Jahre seines sorgenfreien, ländlichen Stilllebens „bildeten", wie Stern[4]) mit Recht bemerkt, „ohne Zweifel seinen Natursinn, der von nun an immer stärker in allem, was er dachte, hervortritt." Denselben finden wir als einen sehr in die Augen fallenden Charakterzug seiner dichterischen Schöpfungen aus dieser Zeit, welche durchhaucht sind von inniger Freude an der schönen Natur. Leider sollte Milton, nachdem er Horton wieder verlassen hatte, auf lange Jahre hinaus nicht mehr jene friedliche Ruhe finden, deren er bedurfte, damit sein warmer Sinn für die Natur sich ungestört weiterentwickeln und poetisch äufsern konnte. Es ist bekannt, wie die Muse des jugendlichen Dichters durch den Ernst der gährenden Zeit verstummte, und wie er beim Nahen der entscheidenden Krisis seines Vaterlandes selbst als Vorkämpfer politischer und religiöser Freiheit erschien. Erst nach Wiederherstellung des Königtums wandte sich Milton, alt, blind, umgeben von Gefahr und Einsamkeit, in bösen Tagen und unter bösen Zungen, wie er sich

---

[1]) Vgl. S. 91.
[2]) Ad Patrem, 74.
[3]) Ausführliches über die Landschaft von Horton s. bei Masson, The Life of J. Milton. Bd. 1 (Cambridge 1859), S. 515 ff.
[4]) A. a. O. Teil I, Buch I, S. 207. Vgl. auch Masson, The Life of J. Milton. Bd. I, S. 525 f.

selbst ausdrückt,[1]) der Dichtkunst wieder zu, indem er seine beiden berühmten Epen, sowie seine strengklassische Tragödie schuf. Diese Dichtungen legen deutlich Zeugnis davon ab, wie sich in Milton trotz der vorhergegangenen tiefbewegten Zeit, die sein Gemüt zwei Jahrzehnte lang durch politische Leidenschaften aufregte, inniges Naturgefühl erhalten hat, wenn auch dasselbe hier selten in so heiteren und lebhaften Tönen sich ausspricht wie in seinen Jugendwerken.

Miltons Naturschilderungen sind die besten seines Zeitalters, jener grofsen Revolutionsepoche. Hier finden sich wieder kräftige Naturklänge. In dieser Beziehung schliefst sich Milton würdig an Chaucer und Shakespeare an; er bildet ein Bindeglied in der Naturpoesie zwischen diesen seinen grofsen Vorgängern und den nachfolgenden Naturdichtern. Vergleichen wir aber Milton mit Chaucer oder auch mit Shakespeare, dem er in seinem „Allegro" selbst die gerechteste Anerkennung gezollt hat, so tritt ein charakteristischer Unterschied zu Tage. Während die Dichtungen jener einen mehr instinktmäfsigen Sinn für die Natur verraten, zeigt sich in denen Miltons meist ein bewufstes, reflektiert geniefsendes Naturgefühl. Dies hängt damit zusammen, dafs Miltons Poesie überhaupt vorzugsweise vom Verstande diktiert und für den Verstand geschrieben ist, während ihm jene unmittelbare dichterische Inspiration, jene traumartige Unbewufstheit dichterischen Schaffens, die namentlich bei Shakespeare in so aufsergewöhnlicher Weise hervortritt, fehlt. Wir haben in Milton zwar einen grofsen Dichter, aber einen noch grölseren Gelehrten vor uns, der ebenso vertraut war mit den Schriften des klassischen Altertums wie mit dem ganzen Wissen seiner Zeit.[2]) Unter diesem Banne der unge-

---

[1]) On evil days though fallen, and evil tongues, etc.
(Par. Lost, VII. 26—28.)

[2]) Sein Florentiner Freund Carlo Dati preist ihn in einem lateinischen Briefe mit etwas überschwenglichem Lobe als den Jüngling, der mit der Astronomie als Führerin die harmonischen Klänge der himmlischen Sphären belauscht, der mit der Philosophie als Lehrerin

heiteren Gelehrsamkeit steht auch Miltons Naturliebe; daher ist es nicht zu verwundern, dafs seine Naturschilderungen bei der ihm eigenen Neigung zur Reflexion nur verhältnismäfsig selten der Ergufs eines naiven, dichterischen Schaffens sind. Hat Milton doch, wie wir gesehen haben, auf dem Wege der nüchternen Realität des Wissens Gelegenheit genommen, die Natur poetisch zu behandeln, indem er diese Schilderungen von den grofsen Ideen und allgemeinen Interessen seiner Zeit durchdringen läfst. Auch ist im Verlaufe unserer Betrachtung wiederholt darauf hingewiesen worden, wie seine Gelehrsamkeit oftmals unnotwendigerweise zu Tage tritt. Zahlreiche mythologische Bilder, gelehrte Ausdrücke und mächtig klingende Namen wuchern in seinen Schilderungen und geben denselben sehr häufig eine fremdartige Färbung. Seine „umfassenden Kenntnisse hiengen sich" eben, um mit Stern[1]) zu reden, „wie schwere Fesseln an seine ursprüngliche Dichterkraft."

Neben dem reflektierenden Verstande macht sich in den Naturschilderungen unseres Dichters eine grofsartige Phantasie geltend, die ihm zu ersetzen vermochte, was er nicht durch eigene Anschauung gewinnen, durch nüchterne Gelehrsamkeit erfassen konnte. Die Kraft seiner Phantasie besiegte, wie Macaulay[2]) treffend bemerkt hat, jedes Hindernis. Dieselbe ist in ihrem ganzen Reichtume auf die sinnvoll anmutige Schilderung des Paradieses ausgegossen, hinsichtlich dessen Lage und Beschaffenheit ihn die Geographie ebensosehr im Stiche liefs, wie in Bezug auf die in diesem Garten sich abspielenden Scenen die Geschichte. Aber dem begeisterten, puritanischen Sänger ist der Wohnsitz der

---

die Naturwunder enträtselt, der durch eifriges Studium der Schriftsteller die Geheimnisse des Altertums, die Ruinen der Zeit, die Labyrinthe der Wissenschaft erforscht, wiederherstellt, durchwandert:

Juveni .... harmonicos caelestium sphaerarum sonitus Astronomia duce audienti; characteres mirabilium Naturae per quos Dei magnitudo describitur magistra Philosophia legenti; antiquitatum latebras, vetustatis excidia, eruditionis ambages, comito assidua Autorum lectione, exquirenti, restauranti, percurrenti.»

[1]) A. a. O. Teil II, Buch IV, S. 64.
[2]) A. a. O. S. 11.

Stammeltern des Menschengeschlechts, das Irdische in seiner derben Realität zu enge; seine erhabene Phantasie entfaltet ihre Flügel und trägt ihn nach den transcendenten Sphären der Möglichkeit, wo er in dem wundervollen Lichtglanze des Himmels, in dem unheimlichen Schattendunkel der Hölle und in der grausigen Wildnis des Chaos umherschweift. Daneben läfst die Einbildungskraft unseres Dichters überall die mannigfachsten Bilder und Vergleiche in reicher Abwechslung dem unerschöpflichen Borne der Natur entquellen, und nicht selten wird von diesem Organe poetischer Gestaltungen die Aufsenwelt durch dämonische Wesen belebt, die ein so recht deutlicher Beweis für das sinnige Sichversenken in die Natur sind.

Weit weniger tritt diesen beiden angeführten Geistesvermögen gegenüber das Gefühl hervor, auf so verschiedene Weise sich auch die inneren Beziehungen des Gemüts zur Natur bei Milton äufsern mögen. Häufig gefällt sich sein phantasievoller Sinn in jener sympathetischen Naturauffassung, welche die gefühllose Natur in ihrer Gesamtheit oder in einzelnen Erscheinungen an den Geschicken der Menschen teilnehmen, dieselbe bei den Freuden und Leiden jener mitjubeln und mittrauern läfst. Während diese poetische Beseelung der Natur nur in einer eingebildeten Mitempfindung der Aufsenwelt besteht, haben andere lebenswarme Schilderungen ihren Grund in der instinktiv empfundenen Harmonie der landschaftlichen Umgebung mit der Stimmung des Menschen, sowie auch in einer gemütlichen Beziehung des letzteren zur Natur, die auf einer wahren, menschlichen Empfindung beruht. Bisweilen ist es auch das überquellende religiöse Naturgefühl, das unseren Dichter durch den Mund der ersten Menschen die Natur als Abbild einer höheren, überirdischen Schönheit, jeden kleinsten Teil derselben als eine Offenbarung des allmächtigen Schöpfers begreifen und preisen läfst. Nächstdem bildet der durch die äufsere Natur in der Menschenbrust hervorgerufene, unmittelbare Ausdruck der Naturfreude den Inhalt weniger lyrischer Partien, aus denen übrigens zum Teil auch noch infolge gelehrten Beiwerkes und des Charakters blofser Beschreibung eine ungeschminkte, innige Wärme der Empfindung sich schwer herausfühlen läfst. Nicht allzuzahlreich sind endlich auch die Schilderungen, in welchen wir den Aushauch individueller Empfindungen unseres Dichters erblicken, sei es, dafs er in der Natur Beziehungen zu seinem äufseren Leben findet, sei es, dafs er das Echo seiner Seelenstimmung aus ihr heraushört oder dieselbe sonst zu einer Regung seines Herzens verwendet.

Lebenslauf.

Ich, Friedrich Alban Schlesinger, wurde am 21. Februar 1860 in Schönheide als der dritte Sohn evangelisch-lutherischer Eltern geboren und besuchte bis zu meinem vierzehnten Jahre die dasige Ortsschule. Meine weitere Vorbildung nach der Konfirmation erhielt ich auf dem Realgymnasium zu Plauen i. V., welches ich Ostern 1881 mit dem Zeugnisse der Reife verliefs. Nachdem ich hierauf meiner einjährigen aktiven Militärdienstzeit genügt hatte, widmete ich mich auf der Universität zu Leipzig dem Studium der neueren Sprachen. Ich hörte Vorlesungen bei den Herren von Bahder, Biedermann, Birch-Hirschfeld, Ebert, Heinze, Hildebrand, Kögel, Masius, Settegast, Strümpell, Techmer, Wülker, Wundt, Zarncke. Zum Zwecke praktischer Ausbildung im Englischen und Französischen ging ich im Februar 1885 zunächst nach London und von dort später nach Paris. Ende desselben Jahres nach Leipzig zurückgekehrt, nahm ich meine Studien wieder auf und bestand daselbst im Sommer 1887 das Examen für die Kandidatur des höheren Schulamtes. Mit Beginn des nächsten Wintersemesters wurde ich von dem Hohen Königlichen Ministerium des Kultus und öffentlichen Unterrichts der Realschule zu Frankenberg behufs Ablegung des vorschriftsmäfsigen Probejahres zugewiesen, an welcher Anstalt ich sodann noch bis Ostern 1889 thätig war. Seit dieser Zeit befinde ich mich in meinem Geburtsorte, um mich durch private Studien wissenschaftlich fortzubilden.

Allen meinen verehrten Herren Lehrern, in jüngster Zeit noch besonders Herrn Professor Wülker, sei hiermit mein herzlichster Dank für die mir in reichem Mafse zu teil gewordene Anregung und Belehrung ausgesprochen.